dtv
premium

Ausführliche Informationen über
unsere Autoren und Bücher
finden Sie auf unserer Website
www.dtv.de

Claus Christian Malzahn

DEUTSCHLAND 2.0

Eine vorläufige Bilanz der Einheit

Deutscher Taschenbuch Verlag

FSC
Mix
Produktgruppe aus vorbildlich bewirtschafteten Wäldern und anderen kontrollierten Herkünften

Zert.-Nr. GFA-COC-001298
www.fsc.org
© 1996 Forest Stewardship Council

Originalausgabe
2010
Deutscher Taschenbuch Verlag GmbH & Co. KG,
München

Umschlagkonzept: Balk & Brumshagen
Redaktion und Satz: Olaf Benzinger, Verlagsbüro Lektyre, Germering
Gesetzt aus der Minion 11/14°
Druck und Bindung: Kösel, Krugzell
Gedruckt auf säurefreiem, chlorfrei gebleichten Papier
Printed in Germany · ISBN 978-3-423-24798-6

Inhalt

Dieses Buch widme ich meiner Großmutter Mariechen Schmidt, geborene Schönert, die am 17. September 1988 ihren letzten Geburtstag feierte und somit die Deutsche Einheit knapp verpasste. Den Kaiser, die Weimarer Republik und die Nazis hatte sie schon ausgesessen, als zu ihrem 90. Ehrentag vier Kinder aus West- und zwei aus Ostdeutschland samt Gefolge nach Teuchern bei Weißenfels reisten. Schillers Glocke konnte sie noch auswendig, aber als ihr Bruder Fritz aus Wiesbaden durch die Tür kam, der dem damaligen Staatsratsvorsitzenden der DDR und Vorsitzenden der Sozialistischen Einheitspartei Deutschlands wegen seiner kleinen Statur und seiner mächtigen Hornbrille durchaus ähnlich sah, rief sie ebenso erfreut wie verwundert: »Nanu, der Herr Honecker kommt mich heute auch besuchen!« Sie starb am Buß- und Bettag desselben Jahres an den Folgen eines Unfalls. Das neue Deutschland hätte der gebürtigen Berlinerin (Jahrgang 1898) ganz gut gefallen – bis auf dies und das.

Freiheit

Freiheit ist nicht nur ein politischer Zustand, der ein Individuum in die Lage versetzt, aus verschiedenen Möglichkeiten und auf eigenes Risiko seine persönliche Wahl zu treffen. Die Freiheit, von der hier auch die Rede sein soll, ist ein brennendes Gefühl. Man spürt es vor allem, wenn die persönliche Freiheit unerreichbar scheint. Doch man ahnt, wie es sein müsste, ohne Bevormundung, Zensur und Repressalien zu leben.

Diese Sehnsucht befeuerte 1989 den Widerstand gegen das SED-Regime und dessen Untergang, doch die Erinnerung daran ist nach zwanzig Jahren verblasst. Im Westen Deutschlands kennt man das Gefühl gar nicht: Wer in liberale politische Verhältnisse hineingeboren wird, kann sich oft nicht vorstellen, was es bedeutet, in einer Diktatur sein Dasein fristen zu müssen. Die Vorzüge der Freiheit, die weitgehende persönliche Autonomie in allen Lebenslagen, ist für die meisten Europäer heute so selbstverständlich wie Billigfliegerangebote im Internet und Sonderangebote im Supermarkt. Dabei ist es gerade einmal zwei Jahrzehnte her, dass sich die Völker in der ostwärts gelegenen Hälfte Europas entscheidende Freiheiten wie ein Leben ohne Zensur und staatliche Gängelung erkämpft haben. Und auch im Westen fielen Demokratie und Menschenrechte nach dem Zweiten Weltkrieg als Dreingabe zu amerikanischen Care-Paketen nicht einfach so vom Himmel. In Griechenland herrschte von 1967 bis 1974 die Militärdiktatur der Obristen, auch in Portugal wurde erst 1974 mit der Nelkenrevolution ein autoritäres Regime beiseitegefegt; in Spanien hielt sich der faschistische Diktator Franco gar bis zu seinem Tode 1975.

Heute scheinen Freizügigkeit und Freiheit in ganz Europa unverrückbare politische Konstanten zu sein. Doch mit der Verabschiedung einer europäischen Verfassung, die unsere Freiheit auf dem alten Kontinent besiegeln und auf Dauer garantieren soll, tun wir uns seit Jahren schwer. In Weißrussland, das ebenfalls zu Europa gehört, kennt man Meinungsfreiheit nur vom Hörensagen, in der Ukraine haben sich die Menschen während der »Orangen Revolution« vom Winter 2004/2005 zwar erfolgreich gegen massive Wahlfälschungen gewehrt – doch die politische Zukunft des Landes, das Moskau immer noch als seinen Vorhof betrachtet, ist ungewiss. Zwar käme niemand ernsthaft auf die Idee, das Italien von heute in einer Reihe mit Schurkenstaaten wie dem Iran oder dem Regime auf Kuba zu nennen. Aber die Machtkonzentration des amtierenden Ministerpräsidenten Berlusconi, der über Dutzende eigener Fernsehsender und ein Zeitungsimperium verfügt und dort nach Belieben seine eigene Hofberichterstattung organisieren kann, gibt zumindest Anlass zur Sorge. Auch das europaweite Comeback fremdenfeindlicher bis offen rassistischer Parteien in Österreich, Holland, der Schweiz Belgien und Ungarn macht die EU nicht gerade zu einer stolzen Bastion der Freiheit.

Auf der anderen Seite reüssieren in Ost- und Mitteleuropa Dutzende populistische, antisemitische und postkommunistische Parteien, die sich die Freiheit nehmen, alte Vorurteile und nationalistische oder ideologische Mythen zu mobilisieren und damit relativ erfolgreich in den politischen Raum, in manchen Ländern auch in die Regierungen drängen. Kurz gesagt: In Europa geht es heute zwar so liberal und friedlich zu wie noch nie in seiner langen, wechselhaften Geschichte. Doch für einen letzten Satz »Und zwischen Lissabon und Minsk lebten sie glücklich und zufrieden bis ans Ende ihrer Tage« ist es leider noch viel zu früh. Das Ende der Geschichte, vom amerikanischen Politikwissenschaftler Francis Fukuyama nach dem Zusammenbruch der

Sowjetunion in einem fulminanten Essay vorhergesagt, war nur ein romantischer Geistesblitz, dem man in der ersten Euphorie nach dem scheppernden Zusammenbruch des eisernen Vorhangs nur allzu gern geglaubt hat. Einen historischen Automatismus zu immer mehr liberaler Demokratie, die sich in schönster Hegelscher Gesetzmäßigkeit in alle Welt verbreitet, gab es schon damals nicht. Denn als Fukuyama seine bestechende These formulierte und mit den Mitteln des historischen Materialismus das Ende des Marxismus und die Morgenröte der Freiheit besang, wetzten auf dem Balkan die Kontrahenten schon längst wieder die alten, stumpfen Messer. Mehr als 100 000 Menschen fielen dem kriegerischen nationalistischen Wahn mitten in Europa zum Opfer. Der letzte Balkankrieg ist kaum mehr als zehn Jahre her.

In Deutschland war die Freiheit jahrhundertelang auf Schleichpfaden unterwegs, sie versteckte sich in Luthers Schriften oder Heines Gedichten, in Grimms Märchen ebenso wie in Beethovens Symphonien. Für alle sichtbar auf den Barrikaden stand sie selten – und wenn doch, dann waren die Wrangels, Noskes oder Ulbrichts meistens nicht weit und schlugen Frau Libertas nieder.

Uns Deutschen wurde die Freiheit in der jüngeren Geschichte meist geschenkt – oft nach militärischen Kapitulationen. Die politischen Hauptstationen der jüngeren deutschen Geschichte sind in auffälliger Weise an Kriege, an Siege und Niederlagen gekoppelt: Die Proklamation des deutschen Kaisers Wilhelm I. nach der Reichseinigung findet nicht etwa in Berlin, sondern im Spiegelsaal von Versailles statt – eine öffentliche Demütigung der niedergerungenen Franzosen, die nun auch noch Elsass-Lothringen an das sich breitmachende Germania abtreten müssen. Nach dem verheerenden Ersten Weltkrieg ist die Etablierung des ersten demokratischen Staates der deutschen Geschichte im Herbst 1918 zwar auch das Resultat einer Massenrevolte – ebenso aber eine Bedingung der Alliierten für die Aufnahme von Waffenstillstandsverhandlungen. Und Kaiser Wilhelm II. floh nicht ins holländische Exil, weil die Sozialdemokraten die Herrschaft der Hohenzollern abschaffen wollten.

Der Sozialdemokrat Friedrich Ebert erkannte in einer konstitutionellen Monarchie nach britischem Vorbild sogar gewisse Vorzüge. Im Rückblick mag ihm die chaotische Geschichte der Weimarer Republik recht geben. Ebert wurde erst 1919 Reichspräsident. Als sein Genosse Philipp Scheidemann spontan am 9. November 1918 von einem Fenster des Reichstags die deutsche Republik ausrief, hat Ebert ihn anschließend böse zusammengefaltet: »Das entscheidet eine Konstituante!«, also eine verfassunggebende Nationalversammlung. Die Verwandlung des autoritären preußischen Deutschland in eine parlamentarische Demokratie lag 1918/19 politisch in der Luft, ging aber auch auf die Starrsinnigkeit des amerikanischen Präsidenten Woodrow Wilson zurück, der mit dem Kriegsverbrecher Wilhelm II. keinen Frieden schließen wollte.

Auch Freiheitsanlauf Nummer zwei im Deutschland des 20. Jahrhunderts erwuchs aus einer Katastrophe – wieder mit fremder, vormals feindlicher Geburtshilfe. Nach der Kapitulation und dem totalen Zusammenbruch des Nazi-Regimes 1945 entschlossen sich die Westmächte nach vier Jahren behutsamer Umerziehung, die Besiegten in die parlamentarische Demokratie zu entlassen. In das Grundgesetz schraubten die Gründungsväter und -mütter gleich mehrere Sicherungen ein, aus Vorsicht, weil sie dem eigenen Staatsvolk offenbar noch nicht ganz trauten: Der Bundespräsident bekam die Rolle eines politischen Frühstücksdirektors zugewiesen, nachdem der Reichspräsident vor 1933 noch fast allmächtige Kompetenzen besessen hatte. Eine Fünfprozenthürde sollte nach den politischen Wirrnissen der zwanziger Jahre mit ihren kleinen und Kleinstparteien endlich geordnete Verhältnisse im Parlament schaffen.

Um deutsche Sonderwege in Zukunft ein für alle Mal auszuschließen, zementierte Konrad Adenauer die junge Republik mit seiner Westbindung an Freiheit und Demokratie – gegen den erbitterten Widerstand der Opposition. Die militärische und politische Koppelung an den Westen wirkte quasi als politischer Ersatz für jene bürgerliche Revolution, die in Deutschland nie gelungen war. Das westliche Nachkriegsdeutschland wurde in Grundgesetz und Westbindung gezwängt wie eine Matrone in ein Korsett. Es musste passen, und wen es im Hintern zwickte, der hatte gefälligst die Zähne zusammenzubeißen. Und siehe da: Mit der Zeit passte es sogar.

Dass die – von den Westmächten geschenkte – Bundesrepublik Deutschland sich zum freiheitlichsten Staat entwickeln würde, den die Deutschen je hatten, war 1949 jedenfalls so wenig absehbar wie die Tatsache, dass die Geschichte der deutschen Teilung 1989 ein so schnelles und vor allem unblutiges Ende fand. Es hätte übrigens auch anders kommen können, denn im Herbst 1989 wurde an die Soldaten der Nationalen Volksarmee scharfe Munition ausgegeben. Ein ostdeutscher Cousin von mir, der damals seinen Dienst in der NVA verrichten musste, erzählte mir Jahre später von jenen ungewissen Tagen. Eines Nachts, es war kurz vor dem Mauerfall, rückte seine Einheit von Potsdam Richtung Berlin aus, die Armeetaschen voller Patronen. Manche schleppten so viel Munition mit sich herum, dass sie Mühe hatten, auf die Armee-LKWs zu klettern. Nach einer halben Stunde kehrten die Soldaten um. Der Bürgerkrieg fiel aus.

Dem Begriff der Freiheit wohnt in Deutschland etwas Abgenutztes inne, er erinnert bestenfalls an Plakatkampagnen der CDU/CSU und an Zigarettenwerbung. Ein tief durchdrungenes Verhältnis zur Freiheit scheinen die Deutschen kaum zu besitzen. Ein Vorurteil? In den zwanziger Jahren empfanden die Deutschen die neue Freiheit zunehmend als lästig, mit bekanntem Ergebnis. Nach dem Krieg kam sie im Westen von außen. Das war 1989 anders: Die Ostdeutschen fegten ein bankrottes Regime beiseite, dessen Protagonisten nie auch nur ansatzweise begriffen haben, was individuelle Freiheit bedeutet und warum sie neben Lohn, Brot und Wohnung zu den Grundbedürfnissen des modernen Menschen zählt. Im Gegenteil: Der Wunsch nach Freiheit war im Kommunismus stets hochverdächtig. Was das Volk brauchte, wurde von oben verordnet. Im deutschen Kommunismus ging es deshalb zu wie in einer preußischen Kadettenanstalt. So wesensfremd, wie mitunter behauptet wird, war er uns gar nicht.

Es hat in der deutschen Geschichte immer Freiheitsbewegungen gegeben. Sie wurden fast alle zerschlagen. Thomas Müntzer hielt die Fahne der geknechteten Bauern hoch; Luther stritt für die Freiheit eines Christenmenschen. 1848 kämpften deutsche Revolutionäre für Freiheit und Einheit im ganzen Land, später wurde der demokratischen Freiheit mit der Einheitsideologie der Garaus gemacht. In seiner berühmten Schrift über Napoleon III. philosophiert Karl Marx über das Wesen der Geschichte: »Hegel bemerkt irgendwo, dass alle großen weltgeschichtlichen Tatsachen und Personen sich sozusagen zwei Mal ereignen. Er hat vergessen hinzuzufügen: das eine Mal als Tragödie, das andere Mal als Farce.« Hat sich die Freiheitsgeschichte 1989 als Farce wiederholt? Manche Bürgerrechtler haben das in den neunziger Jahren so empfunden.

Der individuelle Impuls, für die Freiheit auf die Straße zu gehen oder gar nach den Waffen zu greifen, ist in der deutschen Geschichte eher selten und deshalb von besonderem Interesse. Wer sich nach Freiheit sehnt, weil sie von einem Regime, einem Despoten oder einer Partei verweigert wird, will Grenzen überwinden, Ketten sprengen. Dafür riskiert er mitunter sogar sein Leben. »Freiheit oder Tod« lautet die universelle Parole: Das war der Schlachtruf der Kreter gegen die türkischen Besatzer im Jahre 1889, hundert Jahre zuvor skandierten ihn die Franzosen beim Sturm auf die Bastille. Auch den Polen braucht man diese Phrase nicht zu erklären, die im 20. Jahrhundert erst gegen die Nazis, anschließend gegen die Sowjets kämpften. Für sie war »Freiheit oder Tod« nicht nur eine Parole, es war vom deutschen Überfall 1939 bis zum Zusammenbruch des kommunistischen Regimes das Lebensmotto vieler Menschen, die als Angehörige der »Heimatarmee« gegen die Nazis und später als Mitglieder der Solidarnosc gegen den Stalinismus und in den achtziger Jahren gegen das sozialistische Kriegsrecht kämpften. Ob bei der Nelkenrevolution in Portugal, dem Widerstand in Polen oder heute bei der Opposition im Iran: Ohne den Löwenmut des Einzelnen kommt Massenprotest nicht zustande. Dieser Mut ist die Voraussetzung für politische Veränderung, nicht dessen Ergebnis. Doch was muss passieren, damit ein Einzelner sich überwindet und im Kampf gegen eine Diktatur Leib, Leben, Folter oder Gefängnis riskiert?

Freiheit oder Tod: Das ist eine Ultima Ratio, die in Deutschland eher befremdlich klingt. Der Schlachtruf der DDR-Opposition im Herbst 1989 lautete denn auch »Keine Gewalt«. Von Erich Mühsam, dem Aktivisten der Münchner Räterepublik 1919, gibt es – gewidmet der deutschen Sozialdemokratie – spöttische Verse über einen deutschen »Revoluzzer, im Zivilstand Lampenputzer«, der völlig verzweifelt darüber ist, dass Gaslaternen zum Zwecke des Barrikadenbaus abgerissen werden, und sich schließlich verweigert: »Dann ist er zu Haus geblieben/ Und hat dort ein Buch geschrieben/ Nämlich, wie man revoluzzt/ Und dabei noch Lampen putzt.« Wenn im Herbst 1989 die eine oder andere Gaslaterne mehr zu Bruch gegangen wäre, würde man sich die DDR heute vielleicht nicht mehr in erster Linie als etwas verschrobene sozialistische Wärmestube vorstellen, in der die Leute vielleicht nicht im Luxus schwelgten, es aber im Großen und Ganzen gemütlich warm hatten. Mit der staatlichen Teilung von 1949 bis 1989 ging die Freiheit in Deutschland einen weltweit einmaligen Sonderweg, wenn man von den bizarren Verhältnissen im stalinistischen Nord- und dem demokratisch verfassten Südkorea einmal absieht. Mit den politischen Verhältnissen in der DDR verbinden viele Deutsche heute jedenfalls etwas anderes als eine Diktatur, die ein emanzipiertes Individuum in die Enge treibt und malträtiert. Für manche hat sich der reale Sozialismus auf deutschem Boden im Rückblick sogar in ein zwar streng geregeltes, alles in allem aber recht soziales Refugium verwandelt.

Es ist kein rein deutsches Phänomen, dass der Kommunismus im Rückblick seinen Schrecken verliert. Auch in Polen, wo während des Kriegsrechts mindestens 56 Menschen bei Streiks und Demonstrationen ihr Leben ließen und Dutzende weitere mysteriöse Todesfälle nie aufgeklärt wurden, sehnte sich Umfragen zufolge zu Anfang des neuen Jahrtausends etwa die Hälfte der Bevölkerung nach dem alten Regime zurück. Adam Michnik, einer der Vordenker der Solidarnosc und wohl der wichtigste polnische Intellektuelle, schrieb damals resigniert: »Die Menschen wollen keine Freiheit, weil diese sie der Sicherheit beraubt.«

Das ist ein hartes Urteil über ein Volk, das sich Anfang der achtziger Jahre wie kein anderes im real existierenden Sozialismus Freiheiten erkämpft hatte. Von den vierzig Millionen Polen hatten sich kurz vor Ausrufung des Kriegsrechts im Dezember 1981 immerhin neun bis zehn Millionen Menschen in der Solidarnosc organisiert – also praktisch jeder Vierte. Die Verklärung der kommunistischen Vergangenheit nennt Michnik heute schlicht das »Gefangenensyndrom«. Solange der Mensch im Gefängnis sitze, träume er von der Freiheit. »Doch im Gefängnis hat er eine gewisse Sicherheit: Er weiß, wann er essen, schlafen, sich waschen wird. Wenn er aus dem Gefängnis kommt, ist er zwar frei, aber die Sicherheit ist weg. Er beginnt sich zu sorgen: Mein Gott, wo werde ich schlafen, was werde ich essen, wo werde ich wohnen? Und er fängt an, sich nach dem Gefängnis zu sehnen, wo alles für ihn erledigt wurde«, klagte Michnik im April 2004 in einem Interview mit der Schweizer ›Weltwoche‹.

Seine Analyse besitzt einen gewissen universellen Charakter. Dennoch gibt es in der postkommunistischen Geschichte Polens und Ostdeutschlands bedeutende Unterschiede. In der Ex-DDR musste nach der Wende niemand hungern, Milliarden wurden in Infrastruktur und Wirtschaft gepumpt, um die neuen Bundesländer zu unterstützen. Während die Polen bis heute in ihrer Zloty-Ökonomie stecken, bekamen die Ostdeutschen noch vor der Vereinigung am 3. Oktober 1990 die D-Mark. Die Polen mussten den wirtschaftlichen Umbruch dagegen fast völlig allein bewältigen. Vor allem im bäuerlich geprägten Osten des Landes wurden ganze Gebiete entvölkert. Es gab keine Arbeit mehr – und nicht den Hauch staatlicher Unterstützung.

Ich habe als Korrespondent des ›Spiegel‹ um die Jahrtausendwende in Polen erlebt, wie hart das vor allem ältere Menschen getroffen hat. Mitte des Monats war ihre karge Pension aufgebraucht, viele Rentner ließen beim Lebensmittelhändler anschreiben und ernährten sich bis zur nächsten Überweisung von Brot und Speck. Ich bin in Polen stundenlang durch Regionen gefahren, in denen es so gut wie keine Frauen unter dreißig mehr gab. Sie heirateten lieber in der Stadt – oder im Ausland. Die jungen Bauern blieben zurück, ohne die leiseste Aussicht auf eine wirtschaftliche Perspektive. In einer mittelgroßen ostpolnischen Stadt, nicht weit der ukrainischen Grenze, fiel mir die stattliche Größe des Busbahnhofs auf. Ein gutes Drittel der rund 30 000 Bewohner verdiente sein Geld in Brüssel, London, Dublin oder Bordeaux. Sie putzten Wohnungen oder Hotels, zimmerten Möbel, reparierten Autos, sorgten sich um die Kinder fremder Leute, während ihre eigenen daheim in Polen von den Großeltern großgezogen wurden. Zur Arbeit fuhr man mit Linienbussen, blieb ein paar Monate, kam dann wieder mit dem Bus zurück. Das alles vollzog sich fast geräuschlos, ohne große Klagen. Die neuen Zeiten waren hart, aber nicht zu ändern. Und die neue Freiheit war auch ein Fluch.

In der Ex-DDR wären solche Szenen wohl unvorstellbar. Dass die neue Freiheit auch Opfer fordern würde, hat die deutsche Politik in den Wendejahren 1989/90 ungern thematisiert. Der letzte DDR-Ministerpräsident Lothar de Maizière versprach, dass es künftig niemandem schlechter gehen würde als vorher. Die berühmteste Rede von Helmut Kohl aus dieser Zeit ist jene, die er nie gehalten hat: dass die materielle Angleichung der Lebensverhältnisse von Ost und West eine Generationenaufgabe ist – und kein Job, den man mit Hilfe der Solidaritätszulage nebenbei in der kommenden Legislaturperiode erledigt.

Die Polen wussten das instinktiv – die Deutschen ahnten es nicht einmal. Dass die wirtschaftliche und politische Transformation nicht mit überholten Rezepten zu bewerkstelligen ist, begriffen bei unserem östlichen Nachbarn sogar die Kommunisten. Anders als bei uns setzten sie sich schnell von der marxistischen Ideologie ab und retteten sich in das Lager der europäischen Sozialdemokratie. Dieser Weg blieb der SED verwehrt. Der erste postkommunistische Präsident Polens etwa, der Exkommunist Aleksander Kwasniewski, war später sogar zeitweilig als Nato-Generalsekretär im Gespräch. Gregor Gysi könnte man sich auf diesem Posten dagegen kaum vorstellen.

Die Erinnerung an den realen Sozialismus in Deutschland ist heute vor allem von Sentimentalität und Verklärung geprägt – obwohl es, wenn Lebenserwartung, Gesundheitsversorgung und staatliche Unterstützung als Maßstäbe für die Lebensqualität noch etwas gelten, dem durchschnittlichen deutschen Arbeitslosen besser geht als dem polnischen Arbeiter. Zwanzig Jahre nach dem Mauerfall wird die DDR in Ostdeutschland überwiegend positiv beurteilt. Eine Umfrage des Emnid-Instituts im Auftrag der Bundesregierung ergab, dass fast die Hälfte der Befragten der DDR »mehr gute als schlechte Seiten« zuordnen. Ein Land, das einen Menschen vor die Alternative von »Freiheit oder Tod« stellt, war dieses Land also offenbar nicht. Oder täuscht hier das kollektive deutsche Gedächtnis? Das wäre ja nicht das erste Mal.

Wenn es um eine ehrliche Auseinandersetzung mit der DDR gehen soll, reicht es eben nicht aus, sich immer wieder nur die sternenklare Freudennacht des 9. November 1989 zu vergegenwärtigen, als mit der raschen Öffnung der Mauer das Schicksal der DDR besiegelt wurde, oder Komödien wie ›Sonnenallee‹ oder ›Good Bye, Lenin‹ ernster zu nehmen als ihre Macher. Er wollte zeigen, wie die DDR sich angefühlt habe, erklärte Leander Haußmann, nachdem ›Sonnenallee‹ mit großem Erfolg in den deutschen Kinos lief. Gezeigt hat er vor allem, wie sich die DDR für ihn anfühlte. Das ist völlig legitim – aber etwas ganz anderes, als einen kühlen, abgeklärten Blick in die jüngste deutsch-deutsche Geschichte zu werfen. Dennoch waren diese ironisch unterlegten Filme offenbar prägend für den Blick zurück, so wie in den fünfziger Jahren (Anti-)Kriegsfilme wie ›Die Brücke‹ oder ›Des Teufels General‹ wichtige Impulse im Selbstvergewisserungsprozess des westlichen Nachkriegsdeutschlands gaben. Auch über sie würde heute niemand behaupten, dass sie die ganze Breite nationalsozialistischer Verbrechen abgebildet haben. Das gelang, wenn überhaupt, erst viel später, und wichtige Produktionen zu dem Thema wie die filmische Dokumentation ›Shoah‹ oder die TV-Serie ›Holocaust‹ kamen aus dem Ausland. Man wird sehen, ob sich die deutsche Rezeptionsgeschichte auch in dieser Hinsicht wiederholt. Bisher gibt es jedenfalls keinen einzigen deutschen Film über eine reale Person, der uns die Geschichte von deutscher Teilung und Freiheit näherbrächte.

Immerhin haben wir mit dem Oscar-prämierten Kinodrama ›Das Leben der Anderen‹ des (westdeutschen) Regisseurs Florian Henckel von Donnersmarck inzwischen einen Spielfilm, der uns die Spitzel-Realität der späten DDR ebenso hautnah wie unterhaltsam vor Augen führt. Der Held des Films ist ein beinharter Stasi-Offizier, der die Künstlerelite der DDR verfolgt – und seine

Opfer irgendwann vor dem eigenen Apparat schützt, weil er Mitleid mit ihnen hat. So einen Offizier hat es im realen Leben zwar nie gegeben – weswegen Donnersmarck zum Beispiel vom Leiter der Stasi-Gedenkstätte Hohenschönhausen, Hubertus Knabe, heftig angegriffen wurde. Der Dichter und Liedermacher Wolf Biermann, wohl prominentestes Opfer der Stasi, verteidigte den Film dagegen. Man ahnt, warum: In einer Schlüsselszene begreift der Stasi-Offizier, was für ein erbärmliches Leben als gewissenloser Spitzel er eigentlich führt – er liest ein Liebesgedicht von Bertolt Brecht:

Erinnerung an die Marie A.

1
An jenem Tag im blauen Mond September
Still unter einem jungen Pflaumenbaum
Da hielt ich sie, die stille bleiche Liebe
In meinem Arm wie einen holden Traum.
Und über uns im schönen Sommerhimmel
War eine Wolke, die ich lange sah
Sie war sehr weiß und ungeheuer oben
Und als ich aufsah, war sie nimmer da.

2
Seit jenem Tag sind viele, viele Monde
Geschwommen still hinunter und vorbei.
Die Pflaumenbäume sind wohl abgehauen
Und fragst du mich, was mit der Liebe sei?
So sag ich dir: ich kann mich nicht erinnern
Und doch, gewiß, ich weiß schon, was du meinst.
Doch ihr Gesicht, das weiß ich wirklich nimmer
Ich weiß nur mehr: ich küßte es dereinst.

3
Und auch den Kuß, ich hätt ihn längst vergessen
Wenn nicht die Wolke dagewesen wär
Die weiß ich noch und werd ich immer wissen
Sie war sehr weiß und kam von oben her.
Die Pflaumenbäume blühn vielleicht noch immer
Und jene Frau hat jetzt vielleicht das siebte Kind
Doch jene Wolke blühte nur Minuten
Und als ich aufsah, schwand sie schon im Wind.

Die Idee, dass sich ein Stasi-Schinder über die Lektüre eines Liebesgedichts des Kommunisten Bertolt Brecht zurück in einen ethischen Menschen verwandelt, muss natürlich einen Idealisten wie Biermann begeistern. Bleibt die Frage: Warum wurde sein Leben eigentlich noch nicht verfilmt? Spannend genug wäre es, denn es war durchdrungen von der Suche nach Freiheit in dem einst so zerrissenen Land. Doch nach 1945 mussten die Deutschen auch lange warten, bis man ihnen die Weiße Rose, den Widerstand des 20. Juli oder einen antifaschistischen Helden wie Georg Elser im Kino vorstellte.

In den öffentlichen deutschen Debatten um die DDR und ihre Erblast ging es in den vergangenen zwanzig Jahren merkwürdigerweise meist nicht um das Hohelied des Mutes, sondern um die Verteidigung des Opportunismus. Günter Grass entdeckte in seinen Romanen plötzlich die »kommode Diktatur«, in der es sich so schlecht gar nicht leben ließ, und wenn wieder einmal ein Informant der Stasi enttarnt wurde, konnte der Beschuldigte sichergehen, dass ihn irgendein Westdeutscher mit der Bemerkung »Wer weiß, was ich getan hätte« schon verteidigen würde. Politiker, denen Verrat und Spitzelei nachgewiesen werden konnten, retteten sich voller Sündenstolz in die euphemistische Parole »Auch ich habe eine Biografie« – und kamen nicht selten damit durch. Die neue Freiheit im geeinten Deutschland eröffnete eben auch die Möglichkeit, sich die jüngere Geschichte so in Form zu biegen, wie man wollte. Manche simplen Wahrheiten, die in den Jahren 1989/90 kaum jemand bestritten hätte, wurden später in Watte gepackt und weggeschlossen: Die DDR war 1989 wirtschaftlich bankrott. Wenn die Bundesrepublik sich einer Vereinigung verschlossen hätte, wäre der ostdeutsche Staat dennoch abgestorben – freilich ganz anders, als sich Lenin das in seiner 1917 verfassten kommunistischen Utopie über ›Staat und Revolution. Die Lehre des Marxismus und die Aufgaben des Proletariats in der Revolution‹ vorgestellt hatte. Ob mit oder ohne Wiedervereinigung: Der Sozialismus auf deutschem Boden hatte keine Zukunft. Die meisten Bürger der DDR wollten endlich so leben wie ihre Landsleute im Westen. Sie hielten ihren Staat keineswegs für eine sozialistische Wärmestube, in der sich niedliche Ampelmännchen und das Sandmännchen freundlich gute Nacht sagten, sondern hatten im August 1989 ziemlich große Angst vor einem blutigen Showdown.

Trotz dieses beklemmenden Sommers, in dem der Arbeiter- und Bauernstaat völlig aus den Fugen geriet, ist im Rückblick oft von der »Nischengesellschaft« die Rede. Dieses Bild scheint heute fast bestimmend zu sein. Natürlich gab es ein richtiges Leben im falschen Staat. Das würde auch kein Pole bestreiten. Es wurde geliebt, gelacht, geweint, geheiratet, getauft, gestorben, geboren – wie im Westen auch. Doch während man sich in Polen in fast jeder Familie auch an Jahrzehnte des Widerstands erinnert – die Solidarnosc mit ihren vor dem Verbot fast zehn Millionen Mitgliedern bildete die größte Selbstorganisation der Arbeiterbewegung in der ganzen Welt –, gibt es in Deutschland zu solchen gesellschaftlichen Memoiren kein Gegenstück. Diejenigen, die ein entsprechendes Selbstbewusstsein, ein haltbares, relevantes kritisches Potenzial im Osten hätten entwickeln können, wählten in den Jahrzehnten seit 1945 allermeist den Weg in den Westen. Wer will es ihnen verdenken? Gefehlt haben sie trotzdem – vor allem nach der Wiedervereinigung, als die westlichen Parteien die opportunistischen Blockparteien schluckten, ihre Emissäre in die neu gegründeten Länder schickten und sich die Ex-SED binnen kurzer Zeit als einzig authentische Interessensvertretung der Menschen zwischen Kap Arkona und dem Erzgebirge aufspielen konnte. Dieser Nimbus ist bis heute ungebrochen. Deshalb ist nicht der 9. November 1989 der Fixpunkt der jüngeren deutschdeutschen Geschichte – sondern sind die Monate zuvor. Im Schlagschatten des Mauerfalls verschwanden die ganze Verzweiflung und Tristesse, aber auch der Löwenmut, der sich im Sommer 1989 in der DDR ungewöhnlich breitgemacht hatte. Um dies zu begreifen, lohnt eine Fahrt mit der Zeitmaschine.

Gehen wir also zwanzig Jahre zurück, in den heißen Sommer von 1989, nach Ost-Berlin. Als Thorsten Schilling am Nachmittag des 7. Juli 1989 die Tür seiner kleinen Wohnung in Berlin–Friedrichshain zuschließt, hat er eine Vision: Leblos. Er ist tot, gleich will er in die Freiheit. Der Moment des Abschieds raubt ihm den Atem. Eigentlich hat der ehemalige Philosophiestudent mit Esoterik oder Metaphysik nichts am Hut. Und doch: Da drüben liegt zweifellos sein Körper – und seine Seele verlässt jetzt für immer die Deutsche Demokratische Republik. Der alte Thorsten Schilling ist gerade gestorben. Der neue Thorsten Schilling geht gleich ins deutsch-deutsche Exil. Der junge Mann hat einen Wanderrucksack umgeschnallt und bugsiert drei Koffer mit Habseligkeiten zum Grenzübergang Friedrichstraße. Ein Freund hilft ihm beim Tragen. Dann reiht sich Thorsten Schilling am »Tränenpalast«, der Ausreisehalle beim Grenzübergang Friedrichstraße, in die Schalterschlange ein. Es ist ein merkwürdiger Tag, von dem er jetzt schon weiß, dass er ihn nie vergessen wird. Als er nach einem Familienbesuch in Dresden am Morgen in seine Berliner Wohnung zurückkehrt, steckt ein Behördenzettel im Briefkasten, eine Vorladung der Abteilung für Innere Angelegenheiten des Stadtbezirks Friedrichshain. Dort eröffnet ihm mittags eine Sachbearbeiterin, dass er die DDR bis 16:00 Uhr verlassen soll. Bis dahin muss er seine Wohnung übergeben und zur ordnungsgemäßen Genehmigung des »Visums für einmalige Ausreise« noch zwei Passbilder beibringen.

Seit drei Jahren schon hat er versucht, die DDR auf legale Weise zu verlassen. Das System nimmt ihm die Luft zum Atmen. Er darf nicht laut sagen, was er denkt, nicht lesen, was er möchte, nicht reisen, wohin er will. Wenn er abends weggeht, wird er im Restaurant platziert, wenn er wählen geht, wird seine Stimme unterschlagen, wenn er im HO-Markt nach exotischen Waren wie Salami fragt, heißt es: Hamwanich. Mit einem Wort: Thorsten Schilling stößt bei der Suche nach seiner Freiheit und seiner Zukunft nur an Grenzen. Er weiß, dass er sein Glück in der DDR nicht finden wird. Thorsten Schilling und den sechzehn Millionen DDR-Bürgern klingt am 7. Juli 1989 noch ein Satz in den Ohren, den der 76-jährige Staats- und Parteichef Erich Honecker zu Beginn des Jahres in die Welt hinausgerufen hat: »Die Mauer steht noch hundert Jahre!«

Deshalb will Thorsten Schilling schon seit Jahren raus aus der DDR. 1986 hat er zum ersten Mal einen entsprechenden Antrag ge-stellt – auf Familienzusammenführung. Er will eine West-Berlinerin heiraten. Tatsächlich kennt er die Frau kaum. Sie ist die Bekannte eines Freundes, gehört zur linken Kreuzberger Szene, hat gerade Abitur gemacht und will Thorsten Schilling mit der Hochzeit eine möglichst unkomplizierte Ausreise ermöglichen. Doch die Behörden schalten auf stur. Mehr als hunderttausend Menschen haben in der zweiten Hälfte der achtziger Jahre jährlich den Mut, offiziell ihre Ausreise aus der DDR zu beantragen. Meist sind Schikanen am Arbeitsplatz die Folge, die Stasi schaltet sich ein, lässt die Ausreisewilligen bespitzeln oder bedrängen. Nicht ohne Erfolg: Ein Drittel der Antragsteller knickt nach den »Zersetzungsmaßnahmen« ein und integriert sich wieder in den tristen DDR-Alltag.

Doch Thorsten Schilling hat einfach keine Lust mehr. Er lebt nur ein Leben, und das will er nicht in einem Staat verplempern, der ihm keine Lebensmöglichkeiten, keine Freiheit gibt. Der junge Mann mit kommunistischem Großeltern hatte diesen Moment am Schalter des Tränenpalastes herbeigesehnt. Der gläserne Bau vis-à-vis vom Bahnhof Friedrichstraße hat seinen Namen, weil der Abschied von hier oft ein Lebewohl für immer ist – und nicht nur ein harmloses »Bis dann!«. Viele seiner Freunde sind schon weg, die Ost-Berliner Boheme aus Regimekritikern und Dissidenten, die nach dem Machtantritt Michail Gorbatschows in der Sowjetunion auf eine Liberalisierung des realen Sozialismus gehofft hatten, sahen sich nach kurzer Zeit enttäuscht und desillusioniert. Die Greise im Politbüro, Erich Honecker und Erich Mielke vorneweg, gaben dem frustrierten Staatsvolk keinen Zentimeter mehr Bewegungsspielraum. Im Gegenteil.

Während im benachbarten Polen die Solidarnosc Schritt für Schritt die politischen Schaltstellen im Land erobert, bis schließlich im August 1989 mit Tadeusz Mazowiecki zum ersten Mal nach 1945 im sowjetischen Einflussbereich ein unabhängiger, nicht-kommunistischer Premierminister die Macht übernimmt – die er sich freilich noch für einige Zeit mit dem kommunistischen Präsidenten Jaruzelski teilen muss –, steht die SED-Führung seit Jahren auf der Bremse. Bereits im April 1987 hatte Kurt Hager, Chefideologe der SED, in einem Interview mit dem westdeutschen ›Stern‹ über eine rhetorische Bemerkung den Beweis geführt, dass man ihn und seinesgleichen ganz zu Recht Betonkommunisten schimpfte: Nach Gorbatschows Reformkurs gefragt, antwortete er: »Würden Sie, nebenbei gesagt, wenn Ihr Nachbar seine Wohnung tapeziert, sich verpflichtet fühlen, Ihre Wohnung ebenfalls neu zu tapezieren?«

Thorsten Schilling will den Tapetenwechsel – und zwar noch in diesem Leben. Die Aussicht, die kommenden Jahre einer Gruppe starrsinniger Greise ausgeliefert zu sein, provoziert seinen Mut. Im Mai 1989 gehört er zu den Organisatoren der Ost-Berliner Wahlboykott-Bewegung: Mit Handzetteln und auf Veranstaltungen klären die Aktivisten der Opposition darüber auf, wie man dem Staat, der dem Stimmvieh seine Kandidaten auf der Liste der »Nationalen Front« en bloc offeriert, die Stirn bieten kann. Jeder Name muss einzeln durchgestrichen werden, erst dann gilt das Votum als Nein-Stimme. Tausende Ost-Berliner folgen dem Aufruf, doch das Ergebnis, das nach dem 7. Mai vom SED-Organ ›Neues Deutschland‹ offiziell verkündet wird, behauptet wieder eine fast hundertprozentige Zustimmung. Doch diesmal hat die Opposition unabhängige Befragungen vor den Wahllokalen organisiert und die Auszählung der Stimmen beobachtet. Thorsten Schilling und seine Freunde aus der Dissidentenszene wissen, dass die staatliche Wahrheit eine große Lüge ist. Die Stimmen der Opposition wurden schlicht unterschlagen. Dem westdeutschen Fernsehmagazin ›Kennzeichen D‹, das sich auf Berichte über die DDR-Opposition und Menschenrechtsverletzungen in Ostdeutschland spezialisiert hat, gibt er ein Interview. Es fällt ein mutiger, wenn auch folgenschwerer Satz: »Wenn das ein Wahlbetrug war, dann wird er der Nationalen Front im Nacken sitzen.« Thorsten Schilling weiß, dass ihn diese Bemerkung vor laufender Kamera für Jahre in den Knast bringen kann. Er geht das Risiko ganz bewusst ein. »Wir hatten es so satt«, sagt er rückblickend, »ich wollte, dass endlich etwas passiert!«

In seine Ausreise-Akte, die von einer speziellen Abteilung der Staatssicherheit geführt wird, kommt nach der Ausstrahlung des Interviews nun tatsächlich Bewegung. Weil das Interview von den DDR-Behörden nicht genehmigt war, unter konspirativen Bedingungen geführt und der Film aus dem Land geschmuggelt wurde, erwägen die Offiziere der Stasi tatsächlich, den Dissidenten wegen Spionage anzuklagen. Doch eine Verurteilung würde mit hoher Wahrscheinlichkeit Proteste nach sich ziehen. Die Opposition versteckt sich längst nicht mehr, sie trifft sich in Kirchen und Wohnungen, hängt Transparente öffentlich aus, macht mit Hilfe westlicher Radiosender und Fernsehsendungen, die fast überall in der DDR zu empfangen sind, von sich reden. Sogar die linke ›taz‹ – die vielen Autoren der DDR-Opposition auf ihren Seiten ein Diskussionsforum bietet – liegt in der Ost-Berliner Umweltbibliothek in der Gethsemanekirche am Prenzlauer Berg aus. Kuriere schmuggeln das Blatt und die Manuskripte regelmäßig von Ost nach West, versteckt in Autos, mit Unterstützung westlicher Diplomaten, die nicht durchsucht werden können – oder in den hohlen Absätzen von Schuhen westlicher »Tagesbesucher« (zu denen auch ich gehörte).

Die politisch eher linksalternativ gewirkte Szene, die da über Mauer und Stacheldraht hinweg den Protest in der DDR organisiert, macht blanken Ernst mit Hoffmann von Fallerslebens etwas verstaubt klingender Hymne von »Einigkeit und Recht und Freiheit«. Dennoch denkt in der Ost-Berliner Dissidentenszene im Juli 1989 niemand ernsthaft über eine Wiedervereinigung beider deutscher Staaten nach, und in den Vorstellungen westdeutscher Politiker, gleich welcher Couleur, steht die Frage ebenfalls nirgendwo auf der Tagesordnung. Viele DDR-Oppositionelle lehnen die Vorstellung eines geeinten Deutschlands sogar rundweg ab. Sie träumen von einer wirklich sozialistischen, demokratischen DDR, allerhöchstens einer deutsch-deutschen Konföderation, in deren Regierung sie führend mitwirken wollen.

Und trotzdem bringen im geteilten Berlin jener Tage eine kleine Gruppe von Dissidenten und ihre westlichen Sympathisanten langsam die Verhältnisse zum Schwingen. Von einer Massenbewegung ist die DDR-Opposition zu diesem Zeitpunkt allerdings noch weit entfernt. Während die Solidarnosc in Polen auch nach ihrem Verbot durch das im Dezember 1981 verhängte Kriegsrecht auf eine millionenfache Basis zählen kann, handelt es sich bei der DDR-Dissidentenszene eher um ein Netzwerk lose miteinander verbundener Initiativen und Gruppen. Sechzehn Millionen Menschen leben in der DDR. Zur organisierten Opposition zählen bis zum Sommer 1989 höchstens einige Hundert.

Das ändert sich erst relativ spät mit der Gründung politischer Oppositionsgruppen wie dem Neuen Forum am 10. September 1989 oder der Sozialdemokratischen Partei in der DDR am 7. Oktober. Dennoch bleibt der Organisationsgrad dieser Bewegungen auch nach dem Fall der Mauer erstaunlich gering: Gegen Ende des Umbruchjahres finden sich im Neuen Forum etwa 10 000 Mitglieder, bei den ostdeutschen Sozialdemokraten nach offiziellen Angaben über 30 000 – doch diese Zahl wird stark bezweifelt. Das größte Unruhepotenzial verortet die Stasi im Sommer 1989 und auch in den Jahren zuvor sowieso nicht unbedingt bei Dissidenten, die politische Essays oder Grundsatzprogramme verfassen, sondern bei den Ausreisewilligen. Wird in den achtziger Jahren der Druck im Kessel zu groß, dürfen wieder ein paar Hundert Menschen von Deutschland nach Deutschland umziehen.

Fast 34 000 Menschen werden von der Bundesrepublik aus den DDR-Gefängnissen freigekauft. Zum Schluss liegt das Kopfgeld bei 95 000 Mark – für die DDR in doppelter Hinsicht ein lohnendes Geschäft. Zum einen wird man die Störenfriede los und schafft Platz für weitere Häftlinge, zum anderen verdient man einträglich am sogenannten »Häftlingsfreikauf«. Die Deals werden zwischen Bonn und Berlin in aller Stille abgewickelt. Für den einzelnen Gefangenen, der unter schlimmsten Bedingungen in den berüchtigten DDR-Knästen einsitzen und mitunter körperliche Misshandlungen oder jahrelange Isolationshaft erleiden musste, war dieses zwielichtige deutsch-deutsche Geschäft ohne Zweifel ein Deal, der in die Freiheit führte. In der Summe jedoch provoziert der Häftlingsfreikauf sowie der stete Strom der Ausreisenden von Ost nach West erhebliche negative Konsequenzen für die politische und personelle Substanz der Anti-SED-Bewegung.

Eine schlagkräftige DDR-Opposition kann sich lange Zeit auch deshalb nicht aufbauen, weil diejenigen, die genug Mut und Organisationstalent besitzen, gerade wieder in einen D-Zug nach Westen gesetzt werden. Was für den einzelnen Dissidenten eine »humane Lösung« – so der deutsch-deutsche Sprachgebrauch bei der Abwicklung solcher Grenzfälle – bedeutet, raubt der demokratischen Bewegung immer wieder das nötige kritische Potenzial, die unverzichtbaren Erfahrungen im illegalen Kampf. Und mit jedem, der geht oder gehen muss, fehlt der Opposition auch ein Stück Geschichte – und Selbstbewusstsein.

Voller Respekt blicken viele Regimegegner in der DDR auf das, was die Opposition in Polen im Frühjahr 1989 geleistet hat: Ein nicht-kommunistischer Premierminister regiert, die Gewerkschaft Solidarnosc und die katholische Kirche besitzen ohne jeden Zweifel das, was der kommunistische Theoretiker Antonio Gramsci die kulturelle Hegemonie genannt hat. Dass im Vatikan mit Johannes Paul II. nun schon seit über zehn Jahren ein polnischer Papst die Amtsgeschäfte führt, ist sehr hilfreich – aber nicht die Ursache für den massenhaften Protest im östlichen Nachbarland.

Wenn Thorsten Schilling zu Stippvisiten ins nahe Stettin oder zu einem Jazzkonzert nach Warschau fährt, hat er keineswegs das Gefühl, nach Osten zu reisen. Politisch gesehen liegt Polen im Westen. Das liegt nicht nur an den westlichen Waren, die gegen harte Währung – Dollar oder D-Mark – überall ungeniert zum Verkauf angeboten werden. Die Leute sind anders. Sie haben offenbar keine Angst mehr vor den Herrschenden, obwohl das Kriegsrecht nur ein paar Jahre zurückliegt. Die Staatsgewalt ist weniger präsent. Jede Kirche scheint hier eine Trutzburg gegen den verhassten Kommunismus zu sein.

Man kann sich fragen, warum die Polen als Erste in Europa das sozialistische System niederringen konnten. Gerade weil sie jahrhundertelang entweder keinen eigenen Staat besaßen oder – wie zu kommunistischen Zeiten – diesen Staat als fremdbestimmt wahrnahmen, war der Wunsch nach Freiheit offenbar besonders ausgeprägt gewesen. Drei Mal wurde das Land zwischen Deutschland und Russland aufgeteilt. Um sich gegen die Besatzer zu behaupten, blieb den Polen oft nur ihr Glauben und ihre Sprache. Kaum eine Widerstandsorganisation arbeitete während der deutschen Besatzung so effektiv gegen die Nazis wie der polnische Untergrund. Die Erinnerung an diese Zeit, die Erfahrungen und das Selbstbewusstsein sowie das selbstverständliche Bündnis mit der katholischen Kirche waren wesentliche Voraussetzungen, um die Solidarnosc zum schärfsten und gefährlichsten Widersacher des Sowjetimperiums und der Herrschaft der polnischen KP werden zu lassen. Faktisch war die kommunistische Partei in Polen schon 1981 erledigt – niemand glaubte ihr mehr, selbst die eigenen Mitglieder nicht. Auch deshalb übernahm die Armee über Jahre die Macht im Land – die Genossen hatten sie längst verloren.

Die Opposition in der DDR war nach 1953 dagegen nie im Stande, die Machtfrage stellen zu können. Das ist kein rückwärtsgerichteter Vorwurf an die Bürger der DDR, sondern eine Feststellung. Der Aufstand des 17. Juni entwickelte sich aus spontanem Protest. Dahinter stand, anders als in Polen Ende der 70er-Jahre, keine schlagkräftige Organisation – auch wenn das Regime anschließend stets behauptete, westliche Provokateure und Agenten hätten das Volk zum Protest verführt.

In Polen wurde der Gedanke an den Widerstand – und das nötige Handwerkszeug dazu – dagegen von Generation zu Generation weitergegeben. So konnte sich trotz des massenhaften Exodus von Polen in die USA und in viele europäische Staaten der Widerstand entwickeln und Freiräume erobern. Wo in Polen selbst während des Kriegsrechts politische Schutzräume existierten, gab es in der DDR lange nur Nischen – die meisten übrigens recht unpolitisch. Natürlich gab es Fluchthelferorganisationen, die vor allem unmittelbar nach dem Mauerbau aus idealistischen Motiven heraus versuchten, Freunden und Bekannten aus der »Zone« herauszuhelfen. Aber auch diese unter großem Risiko agierenden Gruppen setzten naturgemäß nicht auf einen Kampf gegen das Regime innerhalb der DDR. Mit der Zeit wurde Fluchthilfe schließlich auch zum professionellen Geschäft. Die zumeist studentischen Gruppen, die sich anfangs noch aktiv zeigten, waren nach anfänglichen Erfolgen beim Tunnelbau oder Passfälschen der massiven Abwehr der Staatssicherheit nicht mehr gewachsen. Wenn sich in der DDR politischer Protest entlud, 1953 oder 1976, nach der Ausbürgerung des Dichters und Liedermachers Wolf Biermann, verpuffte er schnell, vor allem deshalb, weil die Protagonisten sich – ob freiwillig oder nicht – rasch im Westen wiederfanden, wenn sie zuvor nicht schon verhaftet worden waren.

Erst Ende der achtziger Jahre erreicht der Widerstand gegen die DDR-Obrigkeit mit ihrer greisenhaften Immobilität, Doppelzüngigkeit und ihrem Nepotismus eine neue Qualität. Die Zahl der Dissidenten wächst, auch in der Provinz. Das hat, außer der sichtbaren Unfähigkeit des SED-Regimes in Fragen der Wirtschaft und Versorgung, zahlreiche weitere Gründe: In der »Großen Sowjetunion«, wie sie offiziell genannt wird, ist seit 1985 Michail Gorbatschow der erste Mann in Staat und Partei. Er propagiert »Glasnost« (Offenheit) und »Perestroika«, den Umbau verkrusteter, bürokratischer Strukturen. Die Satellitenstaaten des Moskauer Reichs bekommen Freiheiten gewährt, von denen die SED-Führung nichts wissen will. Die Dissonanzen zwischen der mächtigen, zunehmend liberalen Kreml-Führung und den nachgeordneten Parteikadern in Ost-Berlin beobachtet das Riesenheer der staatsnahen DDR-Funktionäre mit großer Aufmerksamkeit: die alten, unter Stalin, Ulbricht und Honecker sozialisierten Kader mit zunehmender Sorge, der junge Nachwuchs meist hoffnungsfroh. So bilden sich in Partei und Staat vorsichtig zwei Strömungen heraus: alte Hardliner und junge Reformer.

Diese Fraktionsbildung schadet naturgemäß dem machtvollen Repressionsapparat. Stasi, Nationale Volksarmee, Polizei, Justiz und Propagandaabteilungen beginnen widersprüchlich zu agieren. Das ist für alle Ausformungen von Widerstand durchaus vorteilhaft. Hinzu treten weitere Politverschiebungen: Der Westen behandelt den Osten mit einer verwirrenden Doppelstrategie. Einerseits zwingt die amerikanische Hochrüstung, gekoppelt mit einer aggressiven Wirtschaftspolitik, die Sowjetunion und ihre Satellitenstaaten in einen Wettbewerb, den sie immer schneller (und auch sichtbar) zu verlieren drohen. Andererseits ist die Bundesrepublik durchweg nett und hilfsbereit zu den »Brüdern und Schwestern« im kleineren, ärmeren Teil des Landes. Man lädt ein, diskutiert auf allen möglichen Ebenen, bildet Kooperationen und Städtepartnerschaften, macht großzügige Geschenke und räumt der insolventen DDR Riesenkredite ein. Beim Zusammenbruch 1989 hat die DDR 41 Milliarden Westmark Schulden.

In dieser Situation – pleite, von den Russen im Stich gelassen und mit einem Staatsvolk, das sich massenhaft in das andere Deutschland absetzt – kann die gebeutelte Partei- und Staatsführung keine Zähne mehr zeigen, zumal auch sonst alles gegen sie läuft: Die Männer im Osten wollen endlich anständige Autos und keine Zweitakter mehr fahren; die Frauen finden Quelle-Mode chicer als DDR-Kittelschürzen und die Jugend sehnt sich nach westlichem Rock und Pop, nicht nach dem Liedgut der Volkssolidarität. Dieses Unbehagen, das sich wie eine dunkle Wolke über alle Schichten, Berufe und DDR-Strukturen legt, verdichtet sich 1989 auf atemberaubende Weise. Die Kernzelle des Protests, die wenige Monate später eine Kettenreaktion in Gang setzen wird, ist im Juli 1989 längst geschaffen und arbeitet auf Hochtouren. Und obwohl in den fünfziger Jahren eher die Sozialdemokraten und in den Achtzigern die Konservativen das Thema Deutsche Einheit für sich reklamierten, gehören die Aktivisten der Opposition diesseits und jenseits der Mauer oft eher zum alternativen, grünen, intellektuellen, undogmatischen Milieu. Auch in der evangelischen Kirche der DDR, unter deren Dach sich die DDR-Opposition versammelt, gehören die Regimegegner zu einer politisch zwar beachtlichen, aber dennoch kleinen Minderheit.

Die etablierten westlichen Parteien kommentieren die galoppierenden Ereignisse im Osten zwar, organisiert wird die Unterstützung des Protests aber woanders: außerhalb der Parteizentralen. Es finden sich zwar in fast allen Parteien Sympathisanten der DDR-Opposition. Die politische Doktrin, die vom westlichen Establishment verfolgt wird, setzt bis zum Sommer 1989 allerdings nicht auf Konfrontation mit dem SED-Staat, sondern nach wie vor auf »Wandel durch Annäherung«, auf »Realpolitik«, auf »Dialog« – mit der Staatspartei wohlgemerkt, nicht etwa mit der Opposition. Auch diese Tatsache erklärt, warum es die DDR-Bürgerrechtler mit ihren libertären politischen Ansichten, die sich mit althergebrachten, westlich geprägten Rechts-Links-Schemata nicht definieren lassen, später auch sehr schwer haben werden, im westdeutschen Parteiensystem Fuß zu fassen. Der Protest kommt von unten, von jungen Leuten in der DDR, die ihr Leben noch vor sich haben und nichts als Mehltau und graue Propaganda sehen, wenn sie nach vorn blicken. Ihre Vorstellung von Einigkeit im geteilten Deutschland fußt auf der Erkenntnis, dass man sechzehn Millionen Deutschen nicht einfach grundlos Menschen- und Freiheitsrechte vorenthalten darf. »Wir wollten so leben wie die Leute drüben auch«, sagt Thorsten Schilling Was heute nach einer banalen Forderung klingt, besaß damals die höchste vorstellbare politische Sprengkraft im geteilten Deutschland.

Noch ein paar Meter, dann hat er seine drei Koffer über die Demarkationslinie geschleppt. Thorsten Schilling schwitzt, es ist ein heißer Tag. Die DDR-Grenzer lassen ihn anstandslos passieren, kontrollieren nicht mal sein Gepäck. Er schiebt seine Koffer über den Bahnsteig, steigt unterirdisch in die West-U-Bahn um – und findet sich nach drei Minuten am U-Bahnhof Kochstraße, direkt am Checkpoint Charlie in Kreuzberg wieder. Die DDR, sein ganzes bisheriges 29-jähriges Leben, liegt hinter ihm, hermetisch abgeriegelt. Ein Zurück gibt es nicht mehr. Jürgen, ein Freund aus Ost-Berliner Zeiten, der bereits vor zwei Jahren ausreisen konnte, nimmt ihn nach einem Telefonanruf strahlend in Empfang. Bei ihm wird Thorsten Schilling wohnen; in der Kreuzberger Manteuffelstraße, keine zwei Kilometer Luftlinie von der eben verlassenen Friedrichshainer Wohnung entfernt.

Die erste Nacht im Westen geht nicht zu Ende. Es ist lange hell und auch um Mitternacht noch warm; die Lufttemperatur ist natürlich um keinen Milligrad anders als in Friedrichshain. Und doch ist es wie auf einem anderen Planeten. Die Stadt riecht nach feiner Seife, der Wein schmeckt besser, die Luft perlt wie Champagner – Thorsten fühlt sich so lebendig wie seit Jahren nicht mehr. Nach durchfeierter Nacht nimmt ihn Jürgen am Samstagmorgen mit zum Schöneberger Winterfeldmarkt, dem größten Wochenmarkt Berlins, auf dem es nicht nur heimisches und exotisches Obst und Gemüse zu kaufen gibt. Hier, im ehemaligen Hausbesetzerbezirk, gibt es auch Kneipen und Cafés, in denen man vom Kellner weder platziert noch angeherrscht wird. Die Leute hinter dem Tresen sind so bunt gekleidet wie die Gäste; irgendeine Idee vom Leben scheint alle hier miteinander zu verbinden. Die Freunde verbringen den Tag im »Slumberland«, einer Kneipe, deren Boden nicht mit einem Teppich oder Fliesen, sondern weißem Strandsand ausgelegt ist. Thorsten fühlt sich wie in einem karibischen Traum; sehr weit weg von der Deutschen Demokratischen Republik. Dass ein Ort wie das »Slumberland« nur wenige Kilometer von den trostlosen Ost-Berliner Kneipen entfernt überhaupt existiert, hätte er nicht für möglich gehalten.

Über die neue Freiheit macht er sich bei aller Euphorie keine Illusionen. Er weiß um die »Verwertungsprinzipien im Kapitalismus« und hält die marxistische Gesellschaftskritik daran nicht nur für realsozialistisches Geplapper. Thorsten ist ein unabhängiger Linker. Gerade deshalb hat er es nicht mehr ausgehalten in der »Lagergesellschaft« der DDR, wie er sie nennt. In diesem Lager hatte er sich seine Nische gesucht; wie Millionen andere auch. Doch als er sein Philosophiestudium vorzeitig beendet, rückt ihm der Staatsapparat auf die Pelle. Er hat sich schon lange verdächtig gemacht, die Exmatrikulierung begreift die Staatssicherheit als Distanzierung von der DDR. Und so ist sie auch gemeint. Thorsten wählt zunächst den Weg in die innere Emigration – er macht sich selbstständig, stellt transparente Lampenschirme her. Sie erinnern an die weißen japanischen Papierballons, die in den Achtzigern im Westen schwer in Mode sind. Seine Ballons, die er aus farblosem Latex mit Hilfe eines Drahtkokons in seiner Friedrichshainer Wohnung fabriziert, verkauft er auf der Straße, an S-Bahnhöfen und auf dem Flohmarkt. Ein paar Stunden Arbeit pro Woche bringen ihn locker durch den realsozialistischen Werksmonat.

In West-Berlin ist das jetzt anders. Thorsten braucht einen Job, ins westdeutsche Auffanglager für Ost-Flüchtlinge will er nämlich nicht. Also sucht der ehemalige Student des Marxismus-Leninismus im Sommer 1989 einen Job. Er spült das Geschirr in einem italienischen Restaurant in Wilmersdorf, verteilt Werbeprospekte für eine Supermarktkette, rast als Fahrradkurier von Charlottenburg nach Spandau, von Kreuzberg nach Zehlendorf, von Neukölln nach Wilmersdorf. Links und rechts der Straße stehen riesige Werbeplakate. In Ost-Berlin und der DDR war solche Reklame seit Anfang der Siebziger abgeschafft. Von den Plakaten sprach nur die SED, meist Treuebekenntnisse zur »unverbrüchlichen Freundschaft mit der Sowjetunion«. Aber auch das hatte seit Gorbatschows Reden über Glasnost und Perestroika erheblich nachgelassen.

Während die West-Berliner gegen die Reklametafeln irgendwie immun zu sein scheinen oder sie darin einfach eine stumme Großstadtdekoration sehen, brüllen die riesigen Ikonen des Kapitalismus den Neubürger Thorsten Schilling buchstäblich an. Er hört die Slogans in seinem Kopf, wenn er im Doppeldeckerbus durch Berlins Straßenschluchten fährt. *Bonduelle ist das famose Zartgemüse aus der Dose!*, hämmert es in seinen Ohren, *Müller Milch, Müller Milch, Müller Milch, die schmeckt*, plärrt es, und dann folgt gnadenlos die zweite Strophe: *Müller Milch, Müller Milch, die weckt, was in dir steckt!* Gar nicht zu reden von *Oma, Oma, kennst du schon den Blubb?* (Spinatwerbung von Iglo) oder *Mein BAC, dein BAC, BAC ist für uns alle da!* (Deo-Reklame) oder *Waschmaschinen leben läger mit Calgon!* Manchmal hält Thorsten diese allgegenwärtigen Liturgien des Kapitalismus kaum aus. *SPALT, schaltet den Schmerz ab!*, steht auf der nächsten Tafel. Bei ihm rufen solche Sprüche erst Kopfschmerzen hervor. Thorsten hat ein Wort für diese Stimmen im Kopf: »Adaptionsstress«. Nach einer Weile legen sich die Symptome.

Dieser Adaptionsstress befällt nach der Wiedervereinigung Millionen Ostdeutsche. Auf die kollektive Euphorie folgen »Distanz, Enttäuschung, Hass«, wie der ›Spiegel‹ bereits im August 1992 kühl konstatiert. Depression im Osten, Gleichgültigkeit im Westen – »Frust statt Lust im wiedervereinigten Deutschland«. Die meisten Ostdeutschen sind auf die neue Lebenswirklichkeit weniger vorbereitet als Thorsten Schilling. Natürlich kennt man den Westen aus dem Fernsehen, in fast jeder Großfamilie gibt es westdeutsche Verwandtschaft. Doch zu Beginn der neunziger Jahre gibt es nun in fast jeder ostdeutschen Großfamilie auch Arbeitslose, und in fast jeder Sippe kursieren üble Geschichten darüber, wie irgendein Verwandter von einem Wessi übers Ohr gehauen wurde.

Wo man neben der neuen Freiheit auch Gleichheit und Brüderlichkeit erwartete, lauert nicht selten reine Abzocke. Da werden im Osten von fliegenden westlichen Händlern Gebrauchtwagen oder Farbfernseher zu irren Preisen verhökert oder überteuerte Kredite verscherbelt. In den ostdeutschen Amtsstuben und den Parteien übernehmen immer mehr Westler das Kommando. Frust macht sich breit. Schon der Gang zum Supermarkt kann ziemlich anstrengend werden. »Gelernte« Westdeutsche können das vielleicht schwer nachvollziehen, doch was Thorsten Schilling im Sommer '89 in einer Kreuzberger Markthalle passiert, wird später die gesamte Bevölkerung der DDR erleben: »Haben Sie Salami?«, fragt er in einer Kreuzberger Kaufhalle. »Ja, welche denn?«, fragt die Verkäuferin zurück.

Die Antwort macht ihn wütend. Im Osten hätte die Angestellte jetzt Ja oder Nein gesagt, dann eventuell nach der Menge gefragt, fertig. Im Westen fängt der Stress jetzt erst an. Es gibt deutsche, italienische, ungarische, französische und spanische Salami. Salami am Stück, in Scheiben, luftgetrocknet, mit Pfeffer, mit Knoblauch und Wein. Salami vom Schwein oder Rind oder von beidem. Mit Paprika, Trüffeln, Camembert oder Nüssen. Grobkörnig, feinkörnig, mittelkörnig. Mild bis süßlich, würzig oder salzig. Tiefrot, rosa oder braun. »Welche wollen Sie denn jetzt? Und wie viel?« Thorsten hat studiert, er hat sich den Kopf zerbrochen über Marx und Engels, über Jacques Derrida, Albert Camus und Jean Baudrillard. Und jetzt trifft er diese Verkäuferin in Kreuzberg und stellt fest, dass sie sich in der Postmoderne tausendmal besser zurechtfindet als er – obwohl sie die Postmoderne vermutlich bestenfalls für eine neue Abteilung des deutschen Paketdienstes hält. Der Gedanke, dass alle Theorie, das jahrelange nächtelange Lesen philosophischer Klassiker, das mitunter sehr schmerzvolle Nachdenken über Gott und die geteilte Welt ihn an dieser Wursttheke keinen Millimeter weiterbringt, nagt an ihm, er produziert geradezu Groll. Er hat keine Illusionen über den Westen, aber das Leben im Westen ist anstrengender, als er angenommen hat.

Thorsten verbringt dennoch einen ziemlich unbeschwerten Sommer in West-Berlin, die Nächte sind lang und feuchtfröhlich. Natürlich verfolgt er die Ereignisse in der DDR. Immer mehr Menschen wollen raus. Und immer mehr Menschen schaffen es über die Grenze. Viele DDR-Bürger setzen sich über Ungarn oder die Tschechoslowakei ab – bis das Regime auch diese Möglichkeit verbaut. »Wir weinen ihnen keine Träne nach!«, schimpft Honecker über die sogenannten Republikflüchtlinge und Grenzverletzer. In der Realität sieht natürlich auch das anders aus. Täglich trennen sich Kinder von ihren Eltern, Männer von ihren Frauen, Freunde von Freunden, Kollegen von Kollegen. Im August weiß noch niemand, dass der ganze realsozialistische Spuk bald ein Ende haben wird. Die Menschen rechnen eher mit einer langen Zeit der Trennung – denn wer die DDR verlassen hat, darf zu Besuch nicht mehr zurück. Auch Thorsten ist überzeugt, dass er Verwandte, Freunde und Kollegen sehr lange oder gar nicht wiedersehen wird.

Kaum jemand kehrt der DDR jubelnden Herzens den Rücken, alle lassen ja ihr bisheriges Leben, meist ihr ganzes Hab und Gut zurück. Keine Träne? In jedem Winkel der Deutschen Demokratischen Republik fließen in diesem Sommer Tränen. Und Honecker macht zynische Kommentare darüber. Dennoch ist der Sommer ’89 der Sommer der Freiheit. Diesmal kommt sie nicht umsonst, sie muss von jedem Einzelnen hart erkämpft werden. Die einen flüchten, die anderen gehen auf die Straße: In Leipzig riskieren die Demonstranten eine Menge, wenn sie montags demonstrierend durch die Stadt ziehen. Am Anfang ein paar Hundert, schließlich ein paar Tausend; auf dem Höhepunkt der sogenannten Montagsdemonstrationen marschieren 200 000 Menschen durch Leipzig und rufen: »Wir sind das Volk!« Niemand weiß im August und September genau, wie der Staat reagieren wird. Lässt Honecker die Volksarmee mobilisieren, wird scharf geschossen wie in China auf dem Tiananmen-Platz wenige Wochen zuvor? Die Drohung einer »chinesischen Lösung« steht im Raum, der SED-Bonze Egon Krenz hat davon gesprochen. Doch nirgendwo kommt es zum Äußersten. Es fällt kein einziger Schuss.

Die Flüchtlinge zahlen einen hohen persönlichen Preis. Zehntausende kehren der DDR den Rücken, das Land erlebt einen massenhaften Exodus, wie zuletzt nach dem Zweiten Weltkrieg. Der absurde Charakter des 9. November 1989 liegt darin, dass sich in dieser Nacht einerseits die Freiheit ihre Bahn bricht, dass aber andererseits unter den Trümmern der in sich zusammenstürzenden Mauer auch all die Entbehrungen, all das Sehnen, aller Mut, alle Bereitschaft zum Risiko begraben werden. Die Mauer wurde nicht gestürmt wie die Bastille. Geöffnet wurde sie letztlich von ein paar Grenzsoldaten, einem westdeutschen TV-Moderator und einem Mitglied des SED-Politbüros, das den Anfang vom Ende der DDR quasi beiläufig auf einer Pressekonferenz bekannt gab. In der Nacht des Mauerfalls überwältigen Thorsten durchaus ambivalente Gefühle. Er hat seinen Weg in den Westen allein gemacht, mit drei Koffern und einem Bauarbeiterhelm. Es waren die härtesten Wochen seines Lebens. »Jetzt kommen die alle!«, sagt er zu einem Freund, als sie in Kreuzberg an einer Kreuzung stehen und die jubelnden Massen an ihnen vorbeiziehen.

Thorsten Schilling ist Anfang der neunziger Jahre wieder nach Ost-Berlin gezogen. Die neuen Bewohner erkennt man unter anderem daran, dass sie ihre neue Heimat »Prenzlberg« nennen – und nicht Prenzlauer Berg. Er schüttelt sich, wenn er diese Verniedlichung hört, es klingt so, als wolle man seine alte Heimat in den Südwesten der Republik verlegen. Wenn er sich heute seine neuen Nachbarn so ansieht, könnte er fast zu dem Ergebnis kommen, dass das auch gelungen ist: Innerhalb von zwanzig Jahren wurde die Bevölkerung des Prenzlauer Berges fast komplett ausgetauscht. Die Ossis zogen weg – die Wessis kamen. Ihre Erinnerungen an den Mauerfall – wenn sie überhaupt welche haben – sind ganz andere als seine. Für die Neubürger des Prenzlauer Berges wurde am 9. November ein neues, attraktives Immobilienquartier erschlossen. Für Millionen Ostdeutsche wurde das Leben komplett auf den Kopf gestellt.

Nicht nur Thorsten war überrascht und irritiert über die rasante politische Entwicklung im Herbst 1989. Und nicht nur die Greise im Politbüro hatten mit einem so schnellen Auseinanderbrechen ihres Staates nicht gerechnet. Auch die westdeutsche politische Elite traute ihren Augen nicht. Wenn die Ostdeutschen im Herbst 1989 auf die Herrschenden in Bonn und Ost-Berlin gehört hätten, wäre die Mauer vielleicht nie gefallen. Selten wurden Regierungspolitik und Expertenvorlagen so blamiert wie während der friedlichen Revolution in der DDR. Die Demonstrationen im Oktober und November 1989 gehören zu den Sternstunden der deutschen Geschichte, weil sich hier endlich jener demokratische Bürgermut und Freiheitswille artikulierte, den man im grausamen 20. Jahrhundert zuvor oft genug vermisst hatte. Die offizielle Politik allein hätte diese gewaltigen Veränderungen niemals zuwege gebracht. Dass der Einzelne zu Großem beisteuern kann, ist wohl die wichtigste Erfahrung der friedlichen Revolution. Diese zum Schluss massenhafte Erfahrung des Kampfes für die Freiheit gerät heute mehr und mehr in Vergessenheit.

Dabei ist der Zustand der deutschen Einheit besser als sein Ruf. Dennoch hört man oft, die Wiedervereinigung sei gescheitert. Diejenigen, die das erklären, waren sich vor zwanzig Jahren übrigens auch ganz sicher, die Wiedervereinigung sei eine Lebenslüge. Schon in den neunziger Jahren brachte die soziologische Feldforschung im Osten andere Ergebnisse zutage als die öffentliche Medienmeinung glauben machte. Achtzig bis neunzig Prozent der Ostdeutschen waren mit ihrer persönlichen Situation meist zufrieden oder sehr zufrieden und hielten sie für eine klare Verbesserung gegenüber ihrem Leben in der DDR. Die allgemeine politische und wirtschaftliche Situation hielten dieselben Leute dagegen für bedenklich bis gefährlich. In der DDR gab es also eine Schere im Kopf, im neuen Deutschland klafften die individuelle und die öffentliche Wahrnehmung auseinander. Das erklärt vielleicht auch, warum die DDR heute oft »gefährlich verharmlost« wird, wie die ehemalige Bürgerrechtlerin Marianne Birthler immer wieder betont. Nicht nur diese scharfsinnige Analytikerin deutsch-deutscher Befindlichkeiten beklagt ein merkwürdiges Phänomen: Je länger der von Walter Ulbricht gegründete und von Erich Honecker gegen die Wand gefahrene Staat zurückliegt, desto stärker scheinen im Bewusstsein vieler Deutscher jene Verzweiflung und jenes Aufbegehren des Sommers 1989 verdrängt zu werden. Wer sich nicht angelegt habe mit den Mächtigen, der hätte in der DDR doch ganz gut leben können, summt heute der Stammtisch. Die Melodie dazu hat die PDS komponiert.

Das Ziel totalitärer Herrschaft ist selten der permanente Bürgerkrieg, sondern der willfährige Untertan. Wer im August 1989 aber auf dem Ost-Berliner Alexanderplatz mit Zitaten von Rosa Luxemburg für mehr Offenheit im realen Sozialismus demonstrierte, der wurde nicht etwa zur Diskussion gebeten, sondern in den Knast geschickt. Die Frage, ob das SED-Regime sich dem Druck des Volkes auch mit massivem militärischem Einsatz widersetzen würde, war im Sommer 1989 unter den Genossen keineswegs zugunsten eines geordneten Rückzugs entschieden. Zunächst setzte die SED auch im Herbst noch auf den Schlagstock. Zum runden Tisch luden die Genossen erst, als feststand, dass die DDR politisch und wirtschaftlich nicht mehr zu retten war.

Es gibt keinen Grund, sich das neue Deutschland schöner zu reden, als es ist. Die Arbeitslosigkeit im Osten ist hoch – nicht wegen verbreiteter Faulheit, sondern weil es zu wenig Industriezonen gibt. Die Land- und Stadtflucht gen Westen ist deshalb nicht gestoppt, der Milliardentransfer in die Kassen der ostdeutschen Länder wird dauern. Während in Westdeutschland lediglich regionale wirtschaftliche Problemzonen wie im Ruhrgebiet, der Oberpfalz und Ostfriesland existieren, ist Ostdeutschland insgesamt noch immer eine fragile ökonomische Zone, aus der nur ein paar positive Standorte herauszuragen scheinen wie Leipzig, Dresden, Jena, Weimar oder die touristischen Zentren an der Ostseeküste.

Aber wen wundert das? Die DDR stand seit 1988 vor der Zahlungsunfähigkeit. Wäre sie ein Unternehmen gewesen, hätte sie Bankrott anmelden müssen. Stattdessen wurde die DDR faktisch vom Westen übernommen. Der bisherige Vereinigungsverlauf zielte bisher vor allem auf die Herstellung demokratischer, republikanischer Verhältnisse in den neuen Ländern – und auf die Entwicklung einer tragfähigen wirtschaftlichen Grundlage. Dieser Prozess ist noch im Gange. Aber verglichen mit der postsozialistischen Entwicklung ehemaliger RGW-(Rat für gegenseitige Wirtschaftshilfe)-Staaten wie Polen, Bulgarien oder Rumänien steht die ehemalige DDR inzwischen tatsächlich da, wo Honecker sie immer haben wollte: an der Weltspitze nämlich – und das trotz einer kontinuierlichen Abwanderungs- und Fluchtbewegung, die 1945 mit dem Auftauchen der Roten Armee einsetzte und die bis heute nicht abgerissen ist.

Über die Lebenswirklichkeit im Osten Deutschlands wird heute vor allem mit den Füßen abgestimmt. Wir erleben in manchen Gegenden eine Migration im eigenen Land. Ganze Landstriche im Osten veröden. Äußerlich scheint meist alles in Ordnung: Die Straßen sind frisch geteert, die Häuser neu getüncht, der Marktplatz wurde mit freundlicher Unterstützung der EU auf Hochglanz poliert. Doch hinter der glänzenden Fassade packt gerade wieder jemand seine Koffer. Mehr als 1,2 Millionen Menschen haben Ostdeutschland seit 1990 verlassen – Richtung Westen natürlich. In vielen Regionen vollzieht sich in aller Stille ein

Bevölkerungsaustausch. So wanderten in Mecklenburg schon ganze Dorfschaften ab. Die Häuser blieben stehen – und dienen nun gestressten Berlinern als Freizeitdomizil. Das gab es übrigens schon öfter in Europa: zum Beispiel in der Toskana. Man glaubt es kaum, aber bevor die Professoren und Alt-68er aus Deutschland kamen, haben dort tatsächlich italienische Bauern gelebt.

Der in Westdeutschland gern erhobene Vorwurf, die Ostdeutschen seien zu unflexibel, ist grotesk. Wer heute durch München spaziert, hört dort öfter Sächsisch als in Berlin. 1989 gewannen die Ostdeutschen auch die Freiheit, sich vom heimischen Acker zu machen. Fünfzehn Jahre nach der Wiedervereinigung ist es höchste Zeit, sich einzugestehen, dass dieser Prozess fürs Erste unumkehrbar ist. Am Ziel gleichartiger Lebensverhältnisse muss das nichts ändern. Aber die Menschen interessieren sich nicht für Zielvorgaben, sondern für individuelle Zukunftschancen.

Am 3. Oktober 1990 trat die DDR der Bundesrepublik bei. So mancher im Westen dachte damals, die BRD sei nun einfach ein bisschen größer geworden. So mancher im Osten glaubte fest, die westliche Ikea- und Fußgängerzonenrepublik würde über Nacht auch bei ihm zu Hause Wirklichkeit. Beide Annahmen waren zwar nicht ganz falsch, aber richtig beschreiben sie die heutige Wirklichkeit natürlich auch nicht. Wir leben in einem neuen Deutschland. Das Land ist noch immer auf dem Sprung. Für die Ostdeutschen hat sich fast alles verändert im Leben. Das Problem dieses Landes liegt allerdings eher darin, dass die Westdeutschen in den Neunzigern dachten, für sie könne eigentlich alles so weitergehen und die Bundesrepublik sei lediglich ein bisschen größer geworden. Doch dieser Gedanke war der größte Irrtum der Wiedervereinigung. Er zog viele weitere Missverständnisse nach sich.

Mythen, Fehler, Irrtümer

Es war kein Zufall, dass Thorsten Schilling ins Westberliner Exil ging – und nicht etwa nach Wanne-Eickel. West-Berlin war in den siebziger und achtziger Jahren eben der Ort, wo man sein musste. Keine Stadt in Deutschland versprach mehr Abenteuer. Wenn einen das Fernweh trieb, man aber im Lande bleiben wollte, weil das Geld oder der Mut für die USA oder Australien nicht reichte, ging man nach West-Berlin. Zwischen der neuen Heimat und der eigenen Vergangenheit lagen dann keine Ozeane, aber dazwischen stand immerhin die Rote Armee. In West-Berlin gab es weder Sperrstunde noch Wehrpflicht, das Leben war billig, es zählte nicht nur der Erfolg (wie in Hamburg, München oder Düsseldorf), sondern auch der Versuch. Manchmal klappte es: In West-Berlin wurde Ende der Siebziger die »Neue Deutsche Welle« erfunden und etwa zur gleichen Zeit die ›taz‹. West-Berlin war trendy, was hier geschah, wurde in Westdeutschland schnell nachgemacht – und im Osten übrigens auch.

Als ich im Sommer 1987 zum ersten Mal den Prenzlauer Berg besuchte und im »Prater« landete, einem Biergarten mitten im Kiez, den es heute noch gibt, traute ich meinen Augen nicht: Die Gäste sahen dort genauso aus wie in Kreuzberg. Man rauchte und trank viel, trug mit Vorliebe schwarze Jeans und schwarze Hemden und diskutierte über Gorbatschow (der erste KPdSU-Chef, der von der Mehrheit der Ostdeutschen wie ein Popstar verehrt wurde), den neuesten Film von Wim Wenders (den man im Osten vom Hörensagen kannte) und die Musik der Einstürzenden Neubauten (die beim West-Berliner Alternativsender ›Radio 100‹ rauf- und runtergedudelt wurde und es zu bizarrem Weltruhm brachte). Dass der Prenzlauer Berg zum Hort der Opposition wurde, hatte auch mit der Strahlkraft der alternativen Szene West-Berlins zu tun. Die Halbstadt, die sich zum Ärger der kommunistischen Machthaber in Pankow und Moskau auch während der Blockade 1948 gegen Hunger und Kälte behaupten konnte und ihre Bewohner mit alliierter Hilfe aus der Luft versorgen ließ, gehörte zu den wirkungsmächtigsten Mythen der sogenannten freien Welt. Und zwar nicht erst seit Kennedys berühmter Rede nach dem Mauerbau am Rathaus Schöneberg im Juni 1963, in der er die Halbstadt mit dem Satz »Ich bin ein Berliner« zur Frontstadt der freien Welt machte.

West-Berlin wurde zwar jahrzehntelang von der Bundesrepublik subventioniert. Doch die Investition hatte sich gelohnt. Den Misthaufen, auf dem die schönsten Rosen blühen – so hat Peter Paul Zahl dieses merkwürdige politische Konglomerat einmal beschrieben –, konnte man eben auch noch in Potsdam riechen. In den fünfziger Jahren war West-Berlin der Notausgang für Hunderttausende DDR-Flüchtlinge. Wäre die Mauer »nur« an den Rändern von Mecklenburg, Sachsen-Anhalt, Thüringen und Sachsen entlang verlaufen, hätte die SED das Bauwerk vermutlich besser als besonders stark gesicherte Landesgrenze verkaufen können. Dass am 13. August 1961 aber eine Stadt geteilt wurde, ließ sich nicht schönreden. Zum Symbol des Endes der Teilung wurde dann ja auch der Fall der Mauer in Berlin und nicht die Öffnung eines Grenzübergangs. Wer weiß, wie die Nachkriegsgeschichte ausgesehen hätte, wenn die West-Alliierten im Sommer 1945 sich nicht aus Thüringen, Mecklenburg und Teilen von Sachsen zurückgezogen hätten, um diese Territorien bei den Russen gegen das halbe Berlin einzutauschen. Die DDR wäre kleiner gewesen – aber vielleicht etwas haltbarer.

Denn gegen den direkten Vergleich in ihrer Mitte, gegen die tägliche Berieselung durch Fernsehsender und Radioprogramme, gegen die gut situierten Besuchermassen und die drei Mal so großen Autos auf den Transitwegen von Berlin nach Bayern und Niedersachsen war die SED letztlich völlig machtlos. Eine DDR ohne West-Berlin hätte es den Machthabern sehr erleichtert, sich abzuschotten. So aber wurde der täglichen Indoktrination und Propaganda permanent widersprochen. Der Westen hätte ohne seinen Vorposten an der Spree nicht halb so viel politische Spannung in der DDR erzeugen können. Zum Vergleich reicht heute ein Blick nach Nordkorea, einem Land, von dem man kaum etwas weiß – außer, dass seine Bewohner vom stalinistischen Regime grenzenlos gegängelt werden.

Mit dem Fall der Mauer verschwand auch ihr eigener Mythos – heute scheint sich in Berlin außer Touristen kaum noch jemand für das einst 155 Kilometer lange Bauwerk zu interessieren. So wenig man den Fall der Mauer vorhersehen wollte, so schnell wurde das Monstrum geschleift und seine Spuren aus der Stadtlandschaft getilgt. Vielleicht ist daran auch das schlechte Gewissen der West-Berliner schuld, die es sich in den achtziger Jahren im Schatten der Mauer ganz gemütlich gemacht haben. Nachdem die Mauer verschwunden war, änderte sich jedenfalls nicht nur das Leben der Ostdeutschen grundlegend – auch der Mythos West-Berlin verschwand. Heute ist Berlin eine interessante, lebens- und preiswerte Hauptstadt im neuen Europa. Das ist schon eine ganze Menge – aber für einen Mythos reicht es wohl nicht mehr, obwohl die Stadt 1989 auf das Doppelte angewachsen ist. Der Mythos West-Berlin hat seinen Zweck erfüllt. Hätte es ihn nicht gegeben, wären sich Ost- und Westdeutsche nach dem Zusammenbruch des Sowjetimperiums vermutlich noch fremder gewesen, als das nach vierzig Jahren Teilung ohnehin der Fall war.

Die westdeutsche Phrase von den »Brüdern und Schwestern im Osten« war sicher gut gemeint, die Realität sah freilich anders aus. Die Flüchtlinge aus der DDR wurden im Westen ähnlich behandelt wie die Vertriebenen, die aus den verlorenen Ostgebieten meist nur mit einem Koffer in der Hand nach einem neuen Leben suchten: bestenfalls wie ungebetene Gäste. Als einer meiner Onkel Mitte der Fünfziger einen westdeutschen Verwandten besuchte und ihm eröffnete, er wolle die DDR nun für immer verlassen und in der Bundesrepublik sein Glück versuchen, fragte der bloß auf Sächsisch: »Wann gäsdn widdr?« Mein Onkel hat ihn nie wieder besucht – und fand mit Hilfe seines ebenfalls geflüchteten Bruders einen Job als Bergmann im Ruhrgebiet.

Dennoch: Dass die deutsche Einheit im Prinzip eine gute Sache war, wird heute wohl nicht einmal mehr die Linkspartei bestreiten, deren Vorgängerpartei PDS und SED sich vor 20 Jahren noch heftig gegen ihre Verwirklichung stemmten. Aber natürlich sind seitdem und auch damals schon Fehler gemacht worden. Über diese vermeintlichen Irrtümer, die im Zusammenhang mit der deutschen Einheit begangen worden sind, ist schon viel behauptet und geschrieben worden. Es ist ein ausgesprochenes Lieblingsthema von Leuten, die die Einheit selbst für einen Kardinalfehler der deutschen Geschichte halten. Manche Buchverlage und Parteien leben davon, diese vermeintlichen Fehler und Irrtümer immer wieder aufs Neue zu beklagen. Am Ende steht immer wieder dieselbe Botschaft: Der Westen hat sich den Osten unter den Nagel gerissen. Den Ostdeutschen wurden blühende Landschaften versprochen, stattdessen haben sie Bananen, ein paar Autobahnen und später Hartz IV gekriegt.

Ausgerechnet die Bürgerrechtlerin Bärbel Bohley hat dieser Enttäuschung nach der Wende eine Überschrift gegeben: »Wir wollten Gerechtigkeit und bekamen den Rechtsstaat.« Dahinter steckte die Vorstellung, dass die revolutionäre, anarchische Situation vom Herbst 1989 tatsächlich Spielräume für eine neue Politik jenseits der eingefahrenen, im Westen erprobten und bewährten Muster zulassen würde. Die Idee vom »dritten Weg«, einer Gesellschaft frei von kapitalistischen Zwängen und sozialistischer Bevormundung, spukte auch in den Köpfen vieler Intellektueller und Bürgerrechtler herum.

Tatsächlich waren die meisten Bürgerrechtler im Osten im Sommer und Herbst 1989 nicht angetreten, um ein Jahr später bei Helmut Kohl den Schlüssel für die Deutsche Demokratische Republik abzugeben. Viele begriffen sich selbst als undogmatische Linke. Die Vision eines demokratischen Sozialismus hielten sie nicht für überholt. Sie setzten sich mit der SED an einen runden Tisch, um über ein neues Deutschland zu verhandeln. Während die Massen auf den Straßen schon längst die Wiedervereinigung und die D-Mark forderten, arbeiteten sie an einer anderen, besseren Verfassung der DDR. Am Ende hofften sie wenigstens darauf, dass die Wiedervereinigung mehr bedeuten würde als die Übernahme westlicher Systemregeln.

Es kam anders. Und es konnte auch gar nicht anders kommen.

Der Fall der Mauer wird heute als Schlusspunkt einer Epoche betrachtet, die zunächst unfreiwillige Öffnung der Grenzübergänge markiert für Historiker das Ende des Kalten Krieges. In den Wochen und Monaten nach dem Mauerfall machte die Geschichte aber keine Pause. In den Gesprächen zwischen Washington und Moskau ging es nicht nur um die Frage, wie sich Ost- und Westdeutschland politisch miteinander ins Benehmen setzen würden, sondern sofort auch um den Entwurf einer neuen Ordnung für Europa und den Rest der Welt.

Eine reformierte DDR kam in diesen Planspielen nicht vor. Vermutlich hätte Michail Gorbatschow nichts dagegen gehabt, wenn sich die Umbrüche in Ost- und Mitteleuropa damals langsamer vollzogen und ihm zu Hause mehr Spielräume für sein politisches Rückzugsgefecht gelassen hätten. Doch die Sowjetunion war finanziell nicht mehr in der Lage, das sozialistische Experiment auf deutschem Boden materiell abzusichern. Die Russen zogen sich überall zurück: aus Afghanistan – zunächst mit der Roten Armee, dann strichen sie ihrem Marionettenregime in Kabul die Devisen. Sie stoppten die Kredite für Kuba und Somalia. Der globale Herrschaftsanspruch des Kommunismus wurde von Gorbatschow kassiert. Schon im Frühjahr 1990 ging es für den Kreml in seiner Europapolitik nur noch um die Frage, wie weit der Einfluss des Westens gen Osten reichen würde.

Die staatliche und ökonomische Existenz der DDR war genau so lange gesichert, wie die Sowjets am deutschen Vorposten interessiert waren – keinen Tag länger. Doch 1989 war Moskau mit der Lösung eigener Probleme beschäftigt und finanziell gar nicht mehr in der Lage, Honeckers Starrsinn weiter zu alimentieren. Die Geschichte der Deutschen Demokratischen Republik ist deshalb zwar auch als deutscher Sonderfall zu betrachten – in erster Linie aber als eine Fußnote in der Historie des russischen Imperiums.

Deshalb gab es nach dem Zusammenbruch des SED-Regimes im Herbst und Winter 1989 nie die Chance für eine dauerhafte Reformierung der DDR – weil die DDR bankrott war. Die Spitzen der SED und der Staatssicherheit wussten das – der Westen ahnte nicht einmal, wie marode es hinter den Industriefassaden wirklich aussah. Jahrzehntelang hatte die SED den Westen über die vermeintliche ökonomische Stärke des Arbeiter- und Bauernstaates getäuscht. Selbst in den westdeutschen Schulen wurde gelehrt, die DDR gehöre zu den zehn wichtigsten Industrienationen der Welt. Diese durch keine unabhängige Untersuchung gestützte Behauptung galt auch im Bonner Kanzleramt als gesicherte Erkenntnis. Auch auf den Wirtschaftsseiten konservativer Zeitungen wurde sie immer wieder gerne dargelegt. Und tatsächlich: In den Vorzeigebetrieben des realen Sozialismus, bei Carl Zeiss in Jena oder der Warnow-Werft in Rostock, bei der Filmfabrik OrWo in Wolfen bei Bitterfeld schienen Technik und Ökonomie auf modernstem Stand des Weltniveaus zu sein. Jedenfalls gelang es der SED, ihren westlichen Besuchergruppen diesen Eindruck immer wieder zu vermitteln.

Dass man auf einen Trabant sechzehn Jahre warten musste, bevor er nach Bestellung ausgeliefert werden konnte, und ein Telefonanschluss 25 Jahre Geduld voraussetzte, dass in Leipzig und Erfurt die Altbauten in sich zusammenfielen, das Schienen- und Straßennetz der DDR völlig veraltet und die Entwicklung der Mikroelektronik trotz milliardenschwerer Investitionen noch in vorsintflutlichen Bahnen verharrte, fiel angesichts der Behauptung, die DDR spiele wirtschaftlich in der Weltliga ganz vorne mit, dann gar nicht mehr so in Betracht.

Über die reale Lage der DDR-Wirtschaft existierte von Bonn bis nach Washington kein klares Bild. Auch die Geheimdienste tappten im Dunkeln – oder fielen auf die Propaganda über das Wirtschaftswunderland DDR gnadenlos herein. Der CIA vermerkte in seinem »Factbook« noch im Jahre 1987, dass das Bruttoinlandsprodukt pro Kopf in der DDR hundert Dollar über dem in der Bundesrepublik liege, wie die amerikanische Historikerin Mary Elise Sarotte in einem Resümee über die DDR-Wirtschaft im November 2009 erstaunt notierte.

Dabei war die westliche »DDR-Forschung« zumindest in den ersten Jahren der Bonner Republik durchaus eine ernsthafte Beschäftigung. Jedes Jahr legte das »Gesamtdeutsche Ministerium« der Regierung einen dicken Bericht vor, inklusive Handlungsanweisungen, was bei einer Wiedervereinigung zu geschehen habe. Auch die SPD-Opposition war mit von der Partie. So hat der Hamburger Bundestagsabgeordnete Helmut Schmidt schon 1959 eine Arbeitsgruppe seiner Fraktion zusammengestellt, die der Frage nachging, wie denn das »Verhältnis der ökonomischen Leistungsfähigkeit zwischen Westdeutschland und Ostdeutschland« wirklich sei. Ergebnis: 5:3 für Westdeutschland. Und später, sagt Schmidt, im Jahr des Mauerfalls 1989, »war es sicherlich 10:3«.

Wäre die Mauer im November 1989 nicht gefallen, hätte die SED-Führung um Egon Krenz weiter auf Repression und Abschottung gesetzt, dann hätte die DDR spätestens 1991 Konkurs anmelden müssen. Schon 1989 hing die DDR-Ökonomie am Tropf des westlichen Kreditwesens – hätten die Banken einen unverstellten Einblick in die reale Wirtschaftslage gehabt, wäre diese Lebensleitung wohl schnell gekappt und die DDR möglicherweise unter das Regime des Internationalen Währungsfonds gestellt worden. Die schnelle Wiedervereinigung, ermöglicht durch die politische Kapitulation der SED, verhinderte dieses Szenario. Wenn es tatsächlich eingetreten wäre, würden die Diskussionen um vermeintliche Fehler im Einheitsprozess heute vermutlich anders aussehen: Die Fehlentscheidungen, die im Zusammenhang mit dem deutschen Einigungsprozess getroffen wurden, würde man vermutlich nicht isoliert betrachten, sondern eher vor dem Hintergrund der sozialistischen Vorgeschichte bewerten.

Rudolf Seiters, der von 1989 bis 1991 als Chef des Bonner Kanzleramts im Zentrum des Geschehens steckte, drückt es im Rückblick so aus: »Wenn es heute noch mangelt, ist das eben nicht eine Folge der deutschen Einheit, sondern eine Hinterlassenschaft der deutschen Teilung.« Das ist kein Freibrief für sämtliche Entscheidungen, die nach dem 3. Oktober 1990 gefällt wurden, aber ein notwendiger Hinweis. Dass inzwischen jährlich rund hundert Milliarden Euro Transferleistungen in den Osten fließen und ein Ende der Finanzhilfen nicht in Aussicht steht, konnten Seiters und Kohl wohl nicht ahnen. »Vielleicht hätten wir damals, wenn wir das Ausmaß der Wirtschaftskrise und das Ausmaß der bevorstehenden Pleite der DDR in vollem Umfang erkannt hätten, die Mittel der Steuererhöhung doch nicht ausgeschlossen«, räumt Seiters heute ein. Stattdessen erweckte Kohl damals den Eindruck, man könne die Kosten der Einheit aus der Bonner Portokasse bezahlen.

Dass es der Kanzler 1990 versäumte, die wiedervereinigten Deutschen in einer großen Blut-, Schweiß- und Tränenrede darauf einzustimmen, dass die gewonnene Freiheit auch ihren materiellen Preis haben werde, ist auch zwanzig Jahre danach ein legitimer Vorwurf. Kohl war eben nicht Churchill. Dennoch: An den realen Kosten hätte auch so eine Rede nichts verändert – mit einer klaren Ansage hätte man aber den missgelaunten Murmelchor beschwichtigen können, der bis heute immer wieder anschwillt, wenn im deutsch-deutschen Gefüge nicht alles rund läuft.

In den Tagen nach dem 9. November gab es nur wenige Deutsche, die auch nur ansatzweise begreifen konnten, was der Fall der Mauer in Berlin für Deutschlands und Europas Zukunft bedeuten würde. Das soll kein Vorwurf sein, schon gar kein besserwisserischer Einwurf nach zwanzig Jahren, sondern nur ein Hinweis auf das völlige Neuland, das Bürger, Journalisten und Politiker damals betraten. Es gab in unserem kollektiven historischen Gedächtnis kein Vorbild für das, was wir gerade erlebten. Ein Staat, ein ganzes Imperium implodierte, weil die Bürgerinnen und Bürger in der DDR und den übrigen im sowjetischen Einflussbereich liegenden Staaten nicht mehr mitspielen wollten.

Auch ich brachte damals nicht so viel Fantasie auf, mir vorzustellen, dass die staatliche Einheit Deutschlands nach der Öffnung der Mauer am Abend des 9. November nun eher eine Frage von Dekaden denn von wenigen Jahren war. Mit Revolutionen hatte ich trotz meiner Beschäftigung bei der linken, abteilungsweise radikalen ›taz‹ keinerlei Erfahrung, alles, was ich über Politik wusste, stammte aus Büchern und meiner begrenzten persönlichen Erfahrung als junger Bürger der Bundesrepublik Deutschland; einem Land, das in seiner vierzigjährigen Geschichte nie auf Revolte, sondern immer auf Ausgleich gesetzt hatte.

Regierungen wurden bei uns nicht einfach abgewählt, sondern modifiziert. Die SPD durfte in Kiesingers Großer Koalition von 1966 bis 1969 erst einmal üben, bevor sie selbst völlig das Zepter übernahm. Auch 1982, als Helmut Kohl mit einem konstruktiven

Misstrauensvotum mit Hilfe der Liberalen zum Kanzler gewählt wurde, blieb die FDP auf der Regierungsbank sitzen. Die »geistig moralische Wende« war also kein U-Turn der deutschen Politik, sondern bloß ein Überholmanöver. Und Kohls wichtigstes und umstrittenstes politisches Projekt seiner frühen Jahre – die Durchsetzung der Stationierung von Cruise-Missiles und Pershing-II-Raketen auf deutschem Boden, die sogenannte Nachrüstung – hatte gar nicht er selbst erdacht, sondern sein Vorgänger, der SPD-Kanzler Helmut Schmidt.

Trotz der politischen Veränderungen gab es also immer ein gerütteltes Maß an politischer Kontinuität. Auf Spitz auf Knopf stand es nie. Der Terror der Roten-Armee-Fraktion hatte die Republik zwar erschüttert und in schwere Krisen gestürzt, aber nie ihr politisches Fundament ins Wanken gebracht. Als linke Studenten in den Jahren 1967/68 »den Muff von tausend Jahren« abschüttelten und in fast allen deutschen Unistädten lautstark ihre Revolte zelebrierten, wirkten sie mit ihren langen Haaren und kernigen Transparenten zwar sehr verwegen, aber dann beeilten sie sich, einen Marsch durch die Institutionen anzukündigen – bei dem sie sich dann schnell wieder beruhigten und durch die Republik wohl mehr verändert wurden, als die Republik durch sie.

Willy Brandts Entspannungspolitik, die Ratifizierung der Ostverträge und die faktische Anerkennung der Oder-Neiße-Grenze (und der damit verbundene Verzicht auf die deutschen Ostgebiete) waren in der Bundesrepublik zwar sehr umstritten. Anfang der siebziger Jahre wehte noch einmal der garstige Geist von Weimar durch die junge Bundesrepublik: Brandt wurde persönlich diffamiert, die Union konnte und wollte ihren Machtverlust nach den Bundestagswahlen 1969 jahrelang nicht akzeptieren. Viele ihrer Anhänger griffen zu rabiaten Methoden. Ich erinnere mich gut, mit welcher Aggressivität die deutschen Konservativen damals gegen die SPD zu Felde zogen – und habe das in meiner Familie noch persönlich erlebt, als mein Vater im CDU-dominierten westlichen Eichsfeld in Niedersachsen wegen seiner Mitgliedschaft in der SPD fast täglich mit anonymen Drohungen und gehässigen Telefonanrufen malträtiert wurde. Ein über Brandts Ostpolitik erboster, angetrunkener CDU-Anhänger schlug ihn Anfang der Siebziger sogar krankenhausreif.

Doch auch dieser Zorn verrauchte mit den Jahren. Die von Helmut Kohl bereits 1980 in einem Koalitionspapier angekündigte »geistig-moralische Wende« – eine in seiner Regierungserklärung explizit gegen die Revolte von 1968 und die sozialliberale Ära gerichtete christdemokratische Gegenreformation – blieb aus. Kohls Ostpolitik unterschied sich keinen Millimeter von der seines Vorgängers Helmut Schmidt.

Nach der Bundestagswahl im März 1983 sprach der Pfälzer mit Rücksicht auf den alten und neuen Außenminister Hans-Dietrich Genscher nur noch von »geistig-moralischer Erneuerung«. Aber im Rückblick erscheinen die achtziger Jahre keineswegs als das Jahrzehnt, in dem die Konservativen die kulturelle Hegemonie zurückeroberten. Im Gegenteil. Obwohl FDP und Union eine Bundestagswahl nach der anderen gewannen, erscheinen die Achtziger paradoxerweise eher als das Jahrzehnt der Grünen und der Gewerkschaften: der Grünen, weil sie sich trotz aller internen Grabenkämpfe zwischen Fundis und Realos ihren Platz als vierte politische Kraft in der Parteienlandschaft eroberten; der Gewerkschaften, weil die Reallöhne in dieser Dekade so stiegen wie nie zuvor in der Geschichte der Bundesrepublik. Außerdem setzten IG Metall und IG Druck und Papier mit wochenlangen Streiks die 35-Stundenwoche durch – bei vollem Lohnausgleich. Von Kohls Koalition in den achtziger Jahren blieb in innenpolitischer Hinsicht bis heute vor allem das Privatfernsehen übrig, das er seinerzeit gegen den Willen der SPD durchsetzte. Mit der Frage, was Schmuddelsendungen wie ›Tutti-Frutti‹, ›Big Brother‹ oder Reality-Soaps und Quasselsendungen in den Nachmittagsprogrammen aber eigentlich mit konservativen

Werten zu tun haben, kann man freilich heute noch jeden Unionsanhänger in Verlegenheit bringen.

Schwamm drüber. Am Ende der Achtziger gab es in Deutschland mehr Freizeit, weniger Ideologie, mehr Reiseaktivität ins Ausland, weniger Provinzialität. Die Bundesrepublik war dank Kohls außenpolitischer Bemühungen endlich in Europa angekommen; die Freundschaft mit Frankreich, die schon Adenauer forcierte, gehört seitdem zur Staatsräson. Die Westdeutschen hätten in diesem gemütlichen Kompendium noch ewig weiterleben können – und wollen.

Die Ostdeutschen aber nicht. Ihren Freiheitswillen hatte kaum jemand auf der Rechnung. Die Wochen nach dem Mauerfall waren vor allem geprägt von politischer Konfusion. Was bedeutete das alles? Welche Macht ging in der DDR noch vom Staate aus, wie viel Gegenmacht lag auf der Straße? Noch wichtiger: Welche Strategie verfolgten Washington und Moskau, welche Interessen formulierten wichtige westliche Verbündete wie Frankreich oder Großbritannien? Dass mit dem Fall der Mauer eine Ära in Deutschland und Europa zu Ende ging, schien klar. Aber welche Epoche würde nun beginnen? Und in welchem Ausmaß würde das deutsche Volk selbst darüber entscheiden können, wie es weitergeht im eigenen Land? Bei aller Begeisterung in Berlin, allen Freudentränen, die im Rest der Republik vor dem Fernseher vergossen wurden, verhielt sich die Politik in den Tagen nach dem 9. November zunächst noch zurückhaltend. Zwar erhoben sich im Bonner Bundestag nach Bekanntgabe der unglaublichen Ereignisse am Brandenburger Tor die meisten Abgeordneten von den Plätzen und sangen die Nationalhymne.

Doch der Berliner Regierende Bürgermeister Walter Momper (SPD) betonte tags darauf auf einer Kundgebung am Schöneberger Rathaus, die Einwohner Berlins hätten gestern Abend »ein Wiedersehen« gefeiert – keine Wiedervereinigung. Dieser Begriff galt vor allem linken westdeutschen Politikern noch längere

Zeit als Unwort – auch weil man Rücksicht auf außenpolitische Ängste nehmen wollte. Denn die Vorstellung, dass mit einem vereinigten Deutschland ein schlafender Riese mitten in Europa wiederauferstehen würde, behagte nicht allen Nachbarstaaten und Partnern. Der ehemalige polnische Präsident, General Jaruzelski, erinnerte sich noch Jahre später daran, wie er von der britischen Premierministerin Margaret Thatcher am Rande eines Staatsbesuchs in der Wendezeit gleich zu Beginn von ihr an die Seite genommen wurde: »Wir wollen doch beide kein wiedervereinigtes Deutschland, oder?«

Sie war nicht die Einzige. Auch der französische Präsident François Mitterrand konnte sich mit der Vorstellung, dass die Bundesrepublik sich mitten in Europa bald vom Rhein bis zur Oder-Neiße-Grenze breitmachen würde, zunächst gar nicht anfreunden. Der italienische Christdemokrat Andreotti verstieg sich gar zu der Bemerkung, er möge Deutschland so sehr, dass er am liebsten zwei davon hätte. Als Helmut Kohl im Januar 1990 einen EU-Gipfel besuchte, sei ihm eine »eisige Atmosphäre« entgegengeschlagen, schrieb er später in seinen Memoiren.

Ende November präsentierte Kohl seinen Zehn-Punkte-Plan im Parlament, sehr zur Überraschung seines Vizekanzlers und Außenministers übrigens. Genscher hörte zum ersten Mal, wie der Kanzler sich den künftigen Weg zur Wiedervereinigung vorstellte. Helmut Kohl hatte nur das Weiße Haus über seinen Vorstoß in Kenntnis gesetzt. Genscher und Kohl saßen in derselben Regierung, sie hatten auch ähnliche Ziele, aber sie saßen nicht immer im selben Boot. Die Herren des Außenministeriums und des Kanzleramts hatten nach dem Mauerfall vor allem eins begriffen: Jede kleinste Zuckung von ihnen würde nun unweigerlich in den Geschichtsbüchern landen.

Die Konkurrenz um die Einträge in die Annalen war bereits im vollen Gange. Auch die ergreifenden Szenen, die sich Ende September in der Prager Botschaft abspielten, als Hans-Dietrich

Genscher auf den Balkon trat und seine Ankündigung über »Ihre Ausreise« von herzzerreißenden Schreien im Jubel Tausender DDR-Flüchtlinge unterging, die auf einen Transfer in den Westen warteten, bedürfen der Erläuterung.

Der Architekt dieses Unternehmens hieß nicht Hans-Dietrich Genscher, sondern Rudolf Seiters. In wochenlangen Verhandlungen hatte der christdemokratische Kanzleramtschef dem DDR-Außenministerium die Entscheidung abgetrotzt, die Flüchtlinge endlich ziehen zu lassen. Wie der Bonner Publizist und Politologe Gerd Langguth später rekonstruierte, spielte Genscher als Außenminister der Bundesrepublik in den Verhandlungen zwar eine wichtige Rolle. Doch dass Seiters' Name heute in der Erinnerung an diese entscheidende Episode im deutsch-deutschen Verhandlungspoker kaum genannt wird, hat eher mit der Macht von Fernsehbildern als den historischen Geschehnissen zu tun. Seiters ließ Genscher damals den Vortritt auf dem Balkon – und verbarg sich bescheiden hinter dem Vorhang der Geschichte. Genschers Auftritt, die erlösenden Schreie, all das bleibt ein bewegender Moment der jüngeren deutschen Geschichte. Die Bildunterschrift unter dieser Szene freilich erzählt nur die halbe Wahrheit.

Helmut Kohl hat in den entscheidenden Monaten 1989/90 viele politische Blockaden und Barrieren in Richtung Einheit aus dem Weg geräumt. Was er in Gesprächen mit den europäischen Nachbarn richtig gemacht hat, hätte ein anderer Kanzler durchaus falsch machen können. Den Titel »Kanzler der Einheit« trägt der Pfälzer völlig zu Recht. Dennoch hätte Kohl im Alleingang nie erreichen können, dass am 3. Oktober die schwarz-rot-goldene Flagge über dem Brandenburger Tor aufgezogen wurde, im neuen Deutschland die D-Mark eingeführt und die ganze Bundesrepublik Mitglied der Nato war. Der amerikanische Präsident George Bush, unmittelbar nach dem Mauerfall noch zögernd und abwartend, führte mit Michail Gorbatschow im Frühjahr

1990 in Washington die entscheidenden Gespräche über die Frage, wie das künftige Deutschland aussehen sollte. Die Gespräche, die Helmut Kohl später in seiner Strickjacke mit Gorbatschow führte, waren zwar wichtig – die Grundlagen des Einheitsfahrplans hatten die Supermächte aber längst gelegt.

Erstaunlicherweise schlug uns Deutschen anstelle von Skepsis oder Feindseligkeit aus der ganzen Welt eine Welle der Sympathie entgegen. Den Oktober und November 1989 habe ich als Stipendiat in den USA verbracht. Wildfremde Menschen fielen mir nach dem Fall der Mauer um den Hals und wünschten mir, dem Deutschen, alles Gute, als hätte ich im Lotto gewonnen oder mindestens Geburtstag. Für meine amerikanischen Freunde und Bekannten war am Abend des 9. November auch schon völlig klar, dass die Vereinigung nun nur eine Frage der Zeit wäre.

»So schnell geht das nicht!«, sagte ich dann.

»Wieso?«, fragten die Amerikaner erstaunt. »Wenn der Osten jetzt wie der Westen werden will, wozu braucht man dann noch eine DDR?«

Die DDR-Bürger, die in der Nacht des 9. November über den Kudamm marschiert waren, wollten nicht nur mal eben so Hallo sagen und dann wieder an ihre Arbeitsplätze in den volkseigenen Betrieben zurückkehren und am Ende des Monats sogenannte Alu-Chips in der Lohntüte zählen. Der Fall der Mauer, so der Historiker Heinrich August Winkler, bedeutete für das SED-Regime das, was der Sturm auf die Bastille 200 Jahre zuvor für das französische Königshaus bedeutet hatte: das Ende ihrer Herrschaft.

Kohl schlug Pflöcke und Wegmarken ein. Die deutsche Einheit sei »nicht mit dem Terminkalender in der Hand« zu planen, sagte Kohl in aller Vorsicht. Doch er fügte hinzu: »Wie ein wiedervereinigtes Deutschland aussehen wird, weiß heute niemand. Dass aber die Einheit kommen wird, wenn die Menschen in Deutschland sie wollen, dessen bin ich sicher.«

Damit hatte Kohl klar formuliert, wo er hinwollte. Und genau darin unterschied er sich von der politischen Konkurrenz. Denn wohin die Sozialdemokraten wollten, wussten sie offenbar selbst nicht. Brandts Enkel, allen voran Oskar Lafontaine, der im Dezember 1990 als Kanzlerkandidat der SPD gegen Kohl antreten sollte, präsentierten sich vom Fall der Mauer bis zur Vollendung der staatlichen Einheit am 3. Oktober vor allem als gesamtdeutsche Bedenkenträger. Zu teuer, zu viel, zu schnell – Lafontaines Einwände gegen Kohls Politik, vor allem gegen die Wirtschafts- und Währungsunion und den auf Pump finanzierten Umtauschkurs von einer Mark West in eine Mark Ost zum 1. Juli 1990 mögen im Detail auch nicht immer falsch gewesen sein. Dennoch sprach der Rhetoriker Lafontaine lange Zeit komplett an der euphorischen Stimmung in Deutschland vorbei – und verlor die Wahl.

Noch übler erging es den Grünen. Sie flogen – mit 4,9 Prozent der Wählerstimmen – bei der ersten gesamtdeutschen Bundestagswahl aus dem Parlament. Nur ihre ostdeutschen Compañeros, mit denen sie sich zum »Bündnis 90« vereinigt hatten, erhielten in Bonn sieben Parlamentssitze, denn sie waren von der Fünfprozentklausel freigestellt. Das Desaster beendete den euphorischen Aufbruch des »Neuen Forum« und Dutzender anderer Dissidentengruppen, die den Herbst 1989 und seine politische Vorgeschichte geprägt hatten. Für die westdeutschen Grünen war es auch die Quittung des Volkes für ihren Widerwillen gegen die von Kohl geprägte Wiedervereinigung. Damit wollten sie eigentlich nichts zu tun haben. Ihr Wahlkampf drehte sich im Gründungsjahr des neuen Deutschland konsequenterweise nicht um »Deutschland, einig Vaterland«, sondern um die »Klimakatastrophe«.

Dass Bärbel Bohley und ihre Mitstreiter in freien Wahlen von der DDR-Bevölkerung wenig Zustimmung bekamen, hatte viele Gründe. In den Dissidentengruppen sammelten sich in den letzten Jahren der kleinen deutschen Republik Menschen, die an der DDR litten – also viele Künstler, Pfarrer, Diplomphilosophen, Hunderte von Spitzeln nicht zu vergessen –, und verständlicherweise auch manche, die an sich selbst litten. Der letzte DDR-Ministerpräsident, Lothar de Maizière von der »Blockflötenpartei« CDU, ein Mann mit guten Verbindungen zum SED-Machtapparat, hat die Visionen der Bürgerbewegten hämisch, im Großen und Ganzen aber zutreffend so beschrieben: »Sie wollten eine neue DDR, klein, bescheiden, ökologisch, pazifistisch, himmlischgerecht, also einen kleinen Garten Eden mitten in Europa. Dazu müssen alle Menschen gut sein und müssen erzogen werden.«

Die DDR-Menschen wollten aber partout nicht mehr erzogen werden, schon gar nicht von Mitbürgern, die nicht selten Jesuslatschen und Nickelbrillen trugen. Außerdem trauten sie mehrheitlich weder der Ost-SPD noch den Bündnis-90-Nachwuchspolitikern zu, hartes Westgeld ins Land zu holen und dort zu halten. Denn nichts verachteten die »Werktätigen« und ihre »leitenden Kader« gleichermaßen so sehr wie die eigene Währung, die sie zu Recht »Alu-Chips« nannten. Im Sommer und Herbst 1989 warfen sie die Alu-Chips mit vollen Händen aus den Flüchtlingszügen.

Auch die nächsten acht Jahre gehörten noch Helmut Kohl. Die politische Linke hielt Kohls durch die Wiedervereinigung verlängerte Regentschaft für verlorene Jahre. Im Sommer 1989 schien Kohl tatsächlich am Ende seiner Herrschaft gewesen zu sein: Die Umfragewerte für die SPD waren vielversprechend, der Sturz Kohls als Parteichef der CDU und als Kanzler eher eine Frage der Zeit. Tatsächlich hat Helmut Kohl den Spieß dann umgedreht und sich mit der Einheit politisch wieder aufgerichtet. Seine innerparteilichen Kritiker um den CDU-Generalsekretär Heiner Geißler, die Gesundheitsministerin Rita Süssmuth oder den baden-württembergischen Ministerpräsidenten Lothar Späth, denen im August 1989 genauso wie der SPD und den Grünen die Zukunft zu gehören schien, blieben auf der Strecke.

Umso größer war der Jubel, als die Entourage der Kohl-Kritiker im September 1998 endlich das Ende des Pfälzers besingen konnte, der nach *sechzehn* Jahren die Bundestagswahl verlor. An die Stelle der Koalition von Union und FDP trat das sogenannte rot-grüne Projekt. Dreißig Jahre nach der Revolte von 1968 schien die politische Linke endlich im Zentrum der Macht angekommen zu sein.

Doch was als folgerichtige historische Entwicklung erschien, war am Abend des 27. September 1998 eher ein geschichtlicher Zufall, aus dem dann freilich handfeste Politik geboren wurde. Ähnlich wie bei den Bundestagswahlen 1969 rechneten viele Akteure auch 1998 wieder mit der Etablierung einer Großen Koalition. Die Meinungsforscher hielten eine Koalition aus CDU/CSU und SPD für mehr als wahrscheinlich. Noch zwei Tage vor der Wahl eröffnete ein bekannter Demoskop der Bonner ›Spiegel‹-Redaktion, dass ein anderes Ergebnis, etwa eine Mehrheit für rot-grün, »vollkommen unwahrscheinlich« sei, weil es entsprechende Wählerwanderungen, die ein solches Ergebnis voraussetzte, in der Geschichte der Bundesrepublik »noch nie« gegeben habe.

Auch der Kanzlerkandidat der SPD, Gerhard Schröder, ging noch Stunden nach Schließung der Wahllokale davon aus, dass er am nächsten Morgen mit der Union in politische Gespräche über eine Regierungsbildung treten würde. Das war dem Niedersachsen gar nicht so unrecht, denn für seine Reformvorhaben wollte sich der Sozialdemokrat eine breite Mehrheit im Parlament sichern.

Dass es anders kam, hatte nichts mit der magnetischen Anziehungskraft und der historischen Berechtigung des rot-grünen Projekts zu tun, auch nicht damit, dass Gerhard Schröder und Joschka Fischer bereits in den achtziger Jahren in einschlägigen Bonner Kneipen auf Bierdeckeln die Posten eines künftigen rot-grünen Kabinetts verteilten. Die erste rot-grüne Regierung – und damit nach dem Zusammenbruch des SED-Regimes erst der zweite vollständige, demokratische Machtwechsel in der Geschichte Nachkriegsdeutschlands – war wiederum eine direkte Folge des politischen Verhaltens der Ostdeutschen.

Doch diesmal hatten die Ereignisse nichts mit Montagsdemonstrationen, dem Fall der Mauer und dem Sturm der Stasizentrale zu tun – sondern mit einem parlamentarischen Spezifikum: den Überhangmandaten. Die Überhangmandate, also Sitze im Parlament, die direkt und zusätzlich zu den durch Zweitstimmen für die Parteien gewonnenen Wahlkreisen addiert wurden, hatten der SPD einen Kantersieg in den neuen Ländern beschert. Alle Überhangmandate in Berlin, Brandenburg, Thüringen, Sachsen, Sachsen-Anhalt und Mecklenburg-Vorpommern waren an die SPD gefallen.

Das verhalf Rot und Grün im Parlament zu einer unverhofften, komfortablen Mehrheit im Parlament. Zwar hatte Rot-Grün auch nach ersten Hochrechnungen um 18:30 Uhr schon eine knappe Mehrheit. Doch mit nur wenigen Stimmen Regierungsmajorität wollte weder Fischer noch Schröder eine rot-grüne Regierung riskieren. In der Fraktion der Grünen saßen nach ihrem Geschmack zu viele unsichere Kantonisten, die der Regierung bei politisch schwierigen Abstimmungen vielleicht die Anhängerschaft verweigert hätten.

Als kurz vor Mitternacht feststand, dass die SPD sämtliche dreizehn Überhangmandate abgeräumt hatte und Rot-Grün nun über eine komfortable Mehrheit im Bundestag verfügen würde, war Schröder klar, dass er in seiner Partei eine Große Koalition nicht mehr durchsetzen könnte. »Scheiße, jetzt muss ich das machen!«, soll er nach Angaben des damaligen Chefs der ›Bild am Sonntag‹, Michael Spreng, gesagt haben, der 2002 den bayrischen Ministerpräsidenten und Unionsspitzenkandidaten bei der Bundestagswahl, Edmund Stoiber, im Wahlkampf beriet.

Wie zögerlich Joschka Fischer auf die Möglichkeit des »Rot-Grünen-Projektes« noch um 22:00 Uhr des Wahlabends reagierte, habe ich als Redakteur des ›Spiegel‹ selbst erfahren. Während eines Interviews, das ich gemeinsam mit dem Kollegen Hajo Schumacher mit Fischer für eine Sonderausgabe führen wollte, schwieg Fischer beharrlich bei jeder Frage. Das Manuskript landete im Papierkorb, stattdessen befragten wir dann einen euphorischen Jürgen Trittin, der uns Rot-Grün um Mitternacht bestätigte.

Die Ostdeutschen haben also den linken Traum von der regierungsfähigen Mehrheit diesseits der Union in Bonn erst möglich gemacht. In den politischen Konzepten der rot-grünen Regierung spielten die neuen Länder freilich trotzdem keine große Rolle. In der ersten Regierung Schröder fand sich mit der Berliner Sozialdemokratin Christine Bergmann als Familienministerin nur eine Ostdeutsche am Kabinettstisch wieder. Zum »Ost-Beauftragten« machte Schröder den Sachsen Rolf Schwanitz – von dem man nach seiner Ernennung kaum noch etwas hörte. Die Rolle des Anwalts der kleinen Leute aus dem Osten übernahm immer mehr die PDS.

Die Nachfolgepartei der SED wurde in Bonn am Rhein politisch allerdings nicht besonders ernst genommen. Zwar avancierte der rhetorisch versierte Frontmann der Sozialisten, Gregor Gysi, schnell zum gefragten Talkshow-Gast und wurde selbst von führenden Christdemokraten als Gesprächspartner in kleiner Runde geschätzt. Doch in allen »Bonner« Parteien ging man nach der Wende davon aus, dass sich das Phänomen der PDS bald von selbst erledigen würde, weil Parteivolk und Wähler demnächst aussterben würden.

Gysi selbst bestätigte diesen voreiligen Eindruck mitunter. Mitte der neunziger Jahre klagte er mir im Bonner Bundestagsbüro sein Leid: Die PDS sei an der Basis veraltet, im Westen kaum präsent. Darüber hinaus gebe es in seiner Partei kaum jemanden, der außerhalb der neuen Länder politisch bestehen könne. Die meisten Genossen kämen schnell ins Stottern, wenn sie in westlichen Gefilden unterwegs wären. An eine erfolgreiche »Westausdehnung« der PDS glaubte Gysi damals selbst kaum.

Als die PDS aber auch 1998 wieder den Sprung in den Bundestag schaffte, gab man in der SPD, die nach der Gründung der Grünen kein Interesse an einer weiteren politischen Konkurrenz an ihrer linken Seite hatte, eine neue Parole aus. Wenn sich das Problem des organisierten Postkommunismus schon nicht biologisch erledigte, wollte man es nun politisch versuchen. Das Stichwort hieß: Entzauberung durch Verantwortung. Auch dieses Experiment verlief nicht besonders erfolgreich. Bereits fünf Jahre nach dem Mauerfall ließ sich in Sachsen-Anhalt eine rot-grüne Regierung durch die PDS tolerieren. Doch am Ende der Legislaturperiode wurde nicht etwa diese entzaubert – sondern die im Osten ohnehin schwachen Grünen. Sie scheiterten in Magdeburg an der Fünfprozenthürde. Das Tolerierungsmodell wurde ohne Grüne fortgesetzt. Am Ende verlor die SPD die Macht in Magdeburg, die CDU konnte mit Hilfe der FDP wieder einen Ministerpräsidenten stellen. Die PDS aber war in diesen Jahren vom politischen Paria zum ernstzunehmenden Faktor geworden. Die Genossen dachten gar nicht daran, das Feld zu räumen. Und in Bonn ging inzwischen niemand mehr davon aus, dass die Partei einfach wieder so verschwinden würde.

Nach der Tolerierung in Sachsen-Anhalt kam es in Mecklenburg-Vorpommern, Berlin und Brandenburg zu rot-roten Koalitionen. Von einer Entzauberung durch Machtteilhabe spricht heute niemand mehr. Seit Oskar Lafontaine mit der Wahlalternative Soziale Gerechtigkeit (WASG) zur PDS stieß und die Partei unter dem Label »Die Linke« firmiert, glaubt bei den Sozialdemokraten niemand mehr, man müsse die SED-Nachfolger nur erst einmal regieren lassen, dann würden die abtrünnigen Wähler schon begreifen, dass das Paradies nicht sofort ausbricht – und sich wieder der guten alten SPD zuwenden. Die Linke in Deutschland sitzt ganz bequem und stabil in der Parteienlandschaft. Dass nicht die Bürgerrechtler, sondern die ehemaligen Kommunisten es geschafft haben, sich erfolgreich in die neue Zeit zu retten und politisch zu reüssieren, bleibt allerdings verblüffend. 1990 hätte das jedenfalls kaum jemand für möglich gehalten – am wenigsten wohl die SED selbst.

Hätte der Aufstieg der Linken, die mit ihren populistischen Forderungen manchmal sogar die CSU politisch vor sich hertrieb und nach Schröders Hartz-IV-Reformen wie ein Stachel im Fleisch der SPD steckte, verhindert werden können?

Zunächst einmal könnte man die Frage stellen, warum die SED nicht im Frühjahr 1990, nach den demokratischen Volkskammerwahlen in der DDR, von der Regierung de Maizière verboten worden ist. Immerhin hatte die SED eine vierzigjährige Diktatur zu verantworten, unsägliches Leid verursacht und das Land ökonomisch ruiniert. Dass die Partei sich nach dem Fall der Mauer in PDS umbenannt hatte, änderte nichts daran, dass sie in der politischen und juristischen Kontinuität der SED stand. Eine Auflösung und Neugründung der Partei hatten Gysi und Co. zwar diskutiert – die Idee dann aber verworfen. Eine Auflösung hätte zwangsläufig auch den Verlust des Parteivermögens bedeutet.

Also keine Selbstauflösung, kein klarer Schnitt. Aber wieso wurde die Partei, die im 20. Jahrhundert die zweite Diktatur auf deutschem Boden etabliert und getragen hat, nicht verboten? Fragen wir per E-Mail bei jemandem nach, der es wissen müsste, Richard Schröder, DDR-Bürgerrechtler, von April bis August 1990 Vorsitzender der SPD-Fraktion in der Volkskammer:

»Lieber Herr Malzahn, diese völlig absurde Idee ist selbstverständlich in der Regierung de Maizière nie diskutiert worden. Der wichtigste Grund: Die SED-PDS hatte eine ausländische Schutzmacht, die mit 400 000 Soldaten im Lande stand. Wir wollten ihre Zustimmung zur Einheit und den Abzug ihrer Truppen. Da wären wir doch verrückt gewesen, sie mit dem Verbot einer kommunistischen Partei zu reizen, während Gorbatschow noch

Generalsekretär einer kommunistischen Partei war. Das wäre eine schöne Vorlage für seine Gegner gewesen! Erst nach dem Putsch von Jelzin wurde die KPdSU verboten, in keinem anderen ehemals sozialistischen Land ist das meines Wissens geschehen. Es war übrigens auch eine dringende Forderung von Gorbatschow an Kohl, mit den bisherigen Machthabern fair umzugehen. Zweitens hatte die SED-PDS bei freien Wahlen 16,8 Prozent erhalten. Und sollte die neue Freiheit der Demokratie mit einem Parteiverbot beginnen? Das hätte nach Fortsetzung des Bisherigen ausgesehen. Und wer sollte verbieten? Die Volkskammer? Ein frei gewähltes Parlament widerruft die Wahlergebnisse und verbietet eine Partei, die legal in der Volkskammer sitzt? Wann bitte hätte die SED verboten werden sollen: vor oder nach dem 3. Oktober? Beide Male wären die Folgen unkalkulierbar gewesen. Die das heute als Versäumnis betrachten, nehmen sich das Verbot der NSDAP durch die Alliierten zum Vorbild, abwegig. Mit bestem Gruß, Richard Schröder.«

Also kein Verbot. Meine Anfrage zwanzig Jahre nach dem Mauerfall bewegte Schröder übrigens noch zu einer zweiten E-Mail: »Noch ein Argument: Es waren ja massenhaft SED-Mitglieder dem Neuen Forum beigetreten, darunter viele, die die SED erneuern wollten, aber sich trotzdem als Opposition verstanden. Gerade am 4. November, bei einer janusköpfigen, genehmigten und meines Wissens vom SED-Parteiaktiv der Künstler beantragten Demonstration waren massenhaft auch SED-Mitglieder dabei. Man hätte also einen Riss durch die nicht sortierte ›Opposition‹ riskiert. Es gab doch damals kaum präzisierte Reformprogramme, und die Formel von einem besseren Sozialismus oder wahren Sozialismus war damals in aller Munde, als Alternative zur kapitalistischen Bundesrepublik, siehe den Aufruf ›Für unser Land‹, den auch Ulrike Poppe, Bischof Demke und Schorlemmer unterschrieben haben! (Ich nicht.) Mit bestem Gruß, Richard Schröder.«

Die Regierung de Maizière wollte also schlauer sein als die Regierung Adenauer, die 1956 mit dem KPD-Verbot auch einen Keim für die linke 68er-Revolte gelegt hatte (vgl. ›Deutschland, Deutschland. Kurze Geschichte einer geteilten Nation‹, S. 54 ff.). Es wurde auch niemand, wie 200 Jahre zuvor noch in Frankreich, unter die Guillotine gelegt. Die von Altstalinisten immer wieder beklagte »Siegerjustiz« der Bundesrepublik ist eine postkommunistische Schutzbehauptung. Die Protagonisten des SED-Regimes wurden alles in allem mit großer Nachsicht behandelt. Der bundesdeutsche Rechtsstaat kannte keine Rache.

Der ehemalige Staats- und Parteichef Erich Honecker konnte seinen Lebensabend, nachdem ihn ein Gericht aus Krankheitsgründen für nicht verhandlungsfähig erklärt hatte, in Chile verbringen. Ins Exil getrieben hatte ihn freilich niemand, er hätte auch eine Wohnung in Wandlitz bei Berlin beziehen können. In den unruhigen Monaten nach dem 9. November hatte ihm ein ostdeutscher Pfarrer Asyl gewährt – aus Barmherzigkeit.

Erich Mielke, der als Stasi-Chef buchstäblich über Leichen gegangen war, wurde nicht etwa wegen der Verantwortung für das zehntausendköpfige Spitzelheer angeklagt, das er jahrzehntelang befehligt und auf das Staatsvolk losgelassen hatte. Zum Verhängnis wurde ihm sein kommunistischer Sündenstolz: Mit Hilfe von Akten, die er in seinem Panzerschrank aufbewahrt hatte, konnte ihm die Staatsanwaltschaft die Beteiligung an der Ermordung zweier Berliner Polizisten im Jahr 1932 nachweisen. Mielke flüchtete nach der Tat in die Sowjetunion, wo er auf der Lenin-Schule eine politische und militärische Kaderausbildung erhielt. 1936 ging er als Kaderoffizier in den spanischen Bürgerkrieg. Dort kämpfte er weniger gegen die Faschisten als gegen sogenannte trotzkistische und anarchistische Abweichler in den eigenen Reihen. Mielke wurde von der »westdeutschen Siegerjustiz« wegen der »Bülowplatzsache« zu sechs Jahren Gefängnis verurteilt. Nach zwei Jahren wurde er wegen Haftunfähigkeit entlassen. Er schlief im Mai 2000 mit 92 Jahren in einem Berliner Altenpflegeheim friedlich und in Freiheit ein.

Die Frage, wie hart man mit denen ins Gericht gehen sollte, die für Verfolgung und Bespitzelung, für Mauer und Stacheldraht verantwortlich waren, beschäftigt bis heute die Republik. Der ehemalige Bürgerrechtler und heutige brandenburgische Ministerpräsident Matthias Platzeck hat sich im Herbst 2009 in einem viel beachteten Essay für den ›Spiegel‹ mit dem Thema auseinandergesetzt. Welche Entwicklung hätte Deutschlands Westen wohl genommen, wären die Gegner und Feinde von einst nach 1945 derart unversöhnlich miteinander verfahren, wie wir ehemaligen Kontrahenten des Kalten Krieges und der DDR es bis heute vielfach tun? »Alle postdiktatorischen Gesellschaften stehen vor demselben Grundproblem: Wie weit sollen belastete Gruppen von Menschen in die neue demokratische Gesellschaft integriert werden?«, schrieb der Sozialdemokrat unter der Überschrift »Versöhnung ernst nehmen«. Mit seinem Beitrag empfahl sich Platzeck, der gerade ein Regierungsbündnis seiner Partei mit der Linken besiegelt hatte, als Koalitionspolitiker mit historischem Weitblick und staatspolitischem Auftrag: »Die gelungene Demokratisierung, die Westdeutschland nach 1945 sehr zügig zu einem anerkannten Staat unter Gleichen machte, konnte überhaupt nur unter der Voraussetzung gelingen, dass ehemalige Mitläufer und, wo verantwortbar, selbst Täter des Nationalsozialismus nicht dauerhaft ausgegrenzt blieben, sondern einbezogen wurden.«

Doch schon wenige Wochen nach seinem »Versöhnungsessay« flog Platzeck seine Koalition mit der Linkspartei um die Ohren. Ein Stasi-Spitzel nach dem anderen wurde in der Landtagsfraktion der Ex-SED enttarnt. Zur Versöhnung gehöre auch Wahrhaftigkeit, bemerkte Bundeskanzlerin Merkel damals spitz – und Platzeck konnte ihr kaum widersprechen. Die Bedingungen für eine gesellschaftliche Versöhnung zwischen Opfern und Tätern können kaum von den Tätern diktiert werden. Zur politischen Instrumentalisierung eignet sich das Thema ebenfalls nicht. In Wahrheit schwebte Platzeck wohl auch keine Versöhnungskoalition vor – der sozialdemokratische Pragmatiker war vor allem an einer funktionsfähigen Regierung interessiert. Ein Bündnis mit der zerstrittenen Brandenburger CDU erschien ihm zu gefährlich.

Was Platzecks Entscheidung 2009 so unappetitlich machte, war nicht einmal sein Plazet für die Linkspartei. Koalitionen zwischen SPD und PDS hatte es auch schon vorher in Berlin und Mecklenburg-Vorpommern gegeben. Die Bundesländer sind deshalb nicht untergegangen. Doch Platzecks bemühter Versuch, diesem rot-roten, preußischen Zweckbündnis so etwas wie politische Seele und historische Bedeutung einzuhauchen, wirkte nicht nur auf ehemalige SED-Opfer vermessen. Dazu kam, dass die Bürgerrechtler im zwanzigsten Jubiläumsjahr des Mauerfalls fast gänzlich aus der deutschen Politik getilgt worden waren, während ehemalige Stasi-Beschäftigte und Spitzel in Potsdam eine Regierung stützten. Versöhnung sieht anders aus.

Fehler im Einigungsprozess gab es also eine Menge. Der kardinale Irrtum bestand am Anfang wohl in der Annahme, dass ein substantieller Teil der DDR-Industrie lebensfähig sei. Manches wird wahrscheinlich ewig umstritten bleiben – wie etwa der frühe Umtausch von einer Mark Ost zu einer D-Mark West zum 1. Juli 1990 oder das Wirken der Treuhand, die Tausende ehemalige DDR-Betriebe »abwickelte«, wie es damals unsentimental hieß. Hätte ein späterer Umtausch oder zu anderen Konditionen DDR-Betriebe gerettet? Ist bei der Treuhand das Geld zum Fenster hinausgeworfen worden, hat man das Potenzial ehemaliger Staatsbetriebe nicht erkannt? Hätte, könnte, wäre. »Bei der nächsten Wiedervereinigung machen wir alles besser!«, versprach 1992 der damalige sächsische Ministerpräsident Kurt Biedenkopf und setzte dem grassierenden Pessimismus einfach ein ironisches Bonmot entgegen.

Helmut Schmidt hingegen, der muntere, qualmende Altbundeskanzler, mittlerweile im 92. Lebensjahr, ist kein Meister des ironischen Bonmots. Er schätzt die überraschende Pointe, sie darf durchaus verletzend sein. Seinem Nachfolger Helmut Kohl – »er war natürlich in ökonomischen Dingen naiv« – wirft Schmidt nicht die »Währungsumstellung an sich«, sondern vielmehr den Wechselkurs vor: »Dass man für eine Mark Ost eine D-Mark West bekam und dass die Löhne und die Preise im Verhältnis 1:1 umgestellt wurden, das war ein Schwerstfehler.« Den »Weltökonom und Opelfahrer« Schmidt gruselt es noch 2010, wenn er an die Konsequenzen denkt: 10 000 Mark für einen neuen Trabi, dabei war der »nicht einmal so viel wert wie ein zehn Jahre alter Opel«. Logische Folge: Die Trabant-Fabrik musste dichtmachen wegen des »Schwerstfehlers« – über den sich die Ostdeutschen seinerzeit allerdings sehr gefreut haben, verständlicherweise.

Dennoch bleibt die Frage auf der Tagesordnung, wie ernst die Deutschen ihre jüngere Geschichte eigentlich nehmen – wie genau wir sie kennen und ob wir sie je nach Lage passend zum aktuellen politischen Gebrauch machen. Die Feierlichkeiten zum Mauerfall im November 2009 hatten immerhin einen interessanten Effekt: den des kollektiven Erinnerns. Auf einmal wusste man wieder, wie grau der Himmel über Bitterfeld vor der Wende noch war, wie frustriert man sein konnte, wenn einen die Volkspolizei Unter den Linden verscheuchte, nur weil man in der Nähe des Brandenburger Tores ein paar musikalische Fetzen vom Michael-Jackson-Konzert aufschnappen wollte, der auf der West-Seite gerade auftrat.

Man erinnerte sich im Osten an leere Regale, hohle Phrasen, an das ungemütliche Nebeneinander von privatem Leben und staatlicher Bevormundung. Marius Müller-Westernhagen besang am 8. November 2009 vor dem Brandenburger Tor dann die neue »Freiheit«, und Tausende sangen mit: »Freiheit, Freiheit, ist das Einzige was zählt.«

Mit der Revolution in der DDR hatte der 1986 geschriebene Song allerdings rein gar nichts zu tun. Dass er zwanzig Jahre später zum »Soundtrack des Mauerfalls« werden sollte, ist einer jener unvermeidlichen Irrtümer der Fernsehwelt. Ein anderes Lied und auch sein Sänger hätten wohl besser gepasst: ›Ermutigung‹ von Wolf Biermann. Die Ballade hatte in der DDR Volksliedcharakter und war auch im Westen sehr bekannt. Sie wurde von jungen Leuten im Zeltlager zu Gitarrenbegleitung gesungen, im DDR-Knast gepfiffen, auf Partys gespielt. ›Ermutigung‹ mit seiner programmatischen Kopfzeile »du, lass dich nicht verhärten« war die Hymne der Opposition und im Land bekannter als jeder Sommerhit. Und obwohl Biermann bei den Feiern zum Mauerfall merkwürdigerweise nicht auf die Bühne durfte, sondern nur als Ehrengast geladen war, bleibt sein Credo bestehen: »Du, lass dich nicht verhärten in dieser harten Zeit … lass dich nicht verbittern in dieser bitteren Zeit … lass dich nicht erschrecken in dieser Schreckenszeit … lass dich nicht verbrauchen, gebrauche deine Zeit…« (kompletten Liedtext und Begleitharmonien siehe unter http://www. lyricsarchiv.de/songtext.php?Id=612).

Glück, Geld, Erfolg

Der Oktober und November 2009 waren der Herbst des Patriarchen Dr. Helmut Kohl. Von Alter und Gebrechen schon stark gezeichnet, ging der Altkanzler noch einmal auf deutsch-deutsche Tournee, wurde gar in einem Fernsehspiel gewürdigt. Doch die höchsten Weihen blieben ihm verwehrt. Im September hatte das Nobelpreiskomitee in Stockholm Barack Obama die begehrte Auszeichnung zuerkannt – wohl nicht in erster Linie auf Grund politischer Leistungen, sondern wegen eines diffusen, hoffnungsfrohen politischen Gefühls, das der 44. Präsident in unzähligen Reden um den Globus verbreitete. Kohl, der Kanzler der Einheit, der nie besonders gut reden konnte, ging leer aus. Verdient hätte er die Trophäe allemal, denn elf Monate nach dem Mauerfall 1989 war mit der deutschen Einheit die Freiheit von achtzehn Millionen Ostdeutschen besiegelt, der Abzug der Roten Armee beschlossene Sache. Bei der ganzen Aktion fiel kein einziger Schuss. Wenige Politiker auf der Welt können so eine Bilanz vorweisen.

Kohl hätte vermutlich auch nichts dagegen gehabt, sich den Nobelpreis mit den Gründern des Neuen Forums zu teilen, die im Wendejahr maßgeblichen Anteil am Zerfall des SED-Staats hatten. Aber historische Leistung und Erfolg werden in der Politik nicht zwangsläufig honoriert. Es hat auch nicht jeder bedeutende Filmschauspieler oder Regisseur einen Oscar bekommen, selbst Alfred Hitchcock ging bei dieser Auszeichnung leer aus. Und dass ausgerechnet ein deutscher Konservativer von einem eher linksgewirkten schwedischen Gremium ausgezeichnet wird, darf man vermutlich gar nicht erst erwarten.

Auf einer Gedenkveranstaltung im Berliner Friedrichstadtpalast brachte Altkanzler Helmut Kohl zwanzig Jahre nach dem Mauerfall die Wiedervereinigung auf einen sehr persönlichen Punkt. Manchmal kaum verständlich, nuschelte er im Rollstuhl zwischen Gorbatschow und George Bush senior sitzend: »Ich hatte nichts Besseres, um stolz zu sein, als die Einheit.«

Das klang, wie oft bei Helmut Kohl, etwas ungelenk. Und doch waren es die Worte eines großen Europäers.

Helmut Kohl war in einem Land groß geworden, das mit furchtbarer Schuld beladen war. Worauf konnte ein junger Deutscher in den fünfziger Jahren angesichts der katastrophalen Folgen des Holocaust und des Zweiten Weltkriegs schon stolz sein? In den letzten Kriegstagen hatte Kohl zudem seinen älteren Bruder verloren, der noch zur Wehrmacht eingezogen worden war.

Dass die Deutschen in der DDR 1989 das Regime abgeschüttelt und die Einheit mit demokratischen Mitteln im friedlichen Europa wiedergewonnen hatten, empfand er als Segen und Glück. Er wusste, dass dieses Happy End nicht selbstverständlich gewesen war, und er empfand die jüngere deutsche Geschichte als Belastung. Den in Fürth geborenen und mit seiner jüdischen Familie 1938 in die USA emigrierten ehemaligen amerikanischen Außenminister Henry Kissinger hat Kohl in einem vertraulichen Gespräch einmal etwas hemdsärmelig gefragt, was aus ihm denn geworden wäre, wenn er damals in Deutschland geblieben wäre. Kissinger war von der Frage etwas überrascht und hätte wohl fast wahrheitsgemäß geantwortet, wie er später einmal auf einer internationalen Konferenz einräumte. Wenn der kleine Henry in Franken geblieben wäre, hätten die Nazis ihn und seine Familie mit hoher Wahrscheinlichkeit umgebracht. Aber der gebürtige Franke Kissinger verstand sofort, dass in der Frage des Pfälzers Kohl letztlich der Wunsch nach Normalität und Nachbarschaft steckte, und antwortete: »Ich hätte in Nürnberg Jura studiert.«

Darauf Kohl lachend und auf den alten Zwist zwischen Bayern und Franken anspielend: »Nein, du hättest in München Jura studiert.«

In Deutschland blieb Kohl, der Ende der Neunziger nach der verlorenen Bundestagswahl wegen einer massiven Parteispendenaffäre auch noch sein Amt als CDU-Ehrenvorsitzender abgeben musste, der parteiübergreifende Respekt für seine Rolle in den Jahren 1989/90 lange verwehrt. Dennoch war es ein Glück, dass wir ihn hatten. Er war ein schlechter Redner, aber auf internationalem Parkett offenbar ein guter Gesprächspartner, der seinem jeweiligen Gegenüber Vertrauen einflößte. Das war in der Politik schon immer ein knappes Gut und ist in unruhigen Zeiten wie dem Zusammenbruch eines Weltreichs so entscheidend wie Wasser in der Wüste.

In seinen Memoiren hatte Kohl die neunziger Jahre als das »glücklichste Jahrzehnt des Jahrhunderts« beschrieben. Sofern sich sein Urteil auf Deutschland beschränken sollte, hat er sicher recht mit seinem Urteil. Doch trotz aller Hoffnungen, die der Zusammenbruch des Sowjetimperiums vor allem in Mittel- und Osteuropa auslöste, kann man Kohls Urteil nicht einmal auf den ganzen europäischen Kontinent anwenden. Nur ein paar Hundert Kilometer jenseits unserer süddeutschen Landesgrenzen entfernt brach Anfang der Neunziger ein blutiger Bürgerkrieg aus. Mehr als 100 000 Menschen fielen dem Gemetzel zwischen Serben, Kroaten und Bosniaken zum Opfer. Nicht nur auf dem Balkan, auch in Ruanda tobten sich die bösen Geister des 20. Jahrhunderts noch einmal mit größter Mordlust aus. Dort wurden etwa eine Million Menschen regelrecht abgeschlachtet. Die Vereinten Nationen konnten – manche Kritiker sagen: wollten – trotz ihrer Präsenz mit Blauhelmsoldaten die Genozide nicht verhindern. Als im Juli 1995 im bosnischen Srebrenica bis zu 8000 bosniakische Männer im Alter von zwölf bis 77 Jahren von der serbischen Soldateska umgebracht wurden, schauten niederländische UNO-

Soldaten hilflos zu. Am Vorabend des Massakers hatten sich ein UNO-Kommandeur und der später an das UNO-Tribunal in Den Haag ausgelieferte Serbengeneral Ratko Mladic noch gegenseitig zugeprostet. Die gespenstische Szene wurde damals fotografisch festgehalten und ist ein beispielloses Dokument politischer Hilflosigkeit. Sie zeigt gleichzeitig, dass entschlossene Massenmörder auch im Zeitalter der Massenmedien nicht an ihren Plänen gehindert werden können. Das beweisen nicht zuletzt die mörderischen Vorgänge in der sudanesischen Provinz Darfur, wo unter den Augen der Welt seit Jahren ein Völkermord an der einheimischen Bevölkerung verübt wird. Oder die brutale Niederschlagung der Oppositionsbewegung im Iran, die es nach den ganz offensichtlich gefälschten Präsidentschaftswahlen gewagt hatte, gegen die Obrigkeit auf die Straße zu gehen. Die Demonstranten waren zwar in der Lage, quasi live per Twitter, mit Handy-Videos oder in Blogs über die staatliche Repression zu berichten. Transparenter als im Iran ist deshalb selten eine Protestbewegung zerschlagen worden. Am Ende aber bleibt leider wahr: Die Macht kommt aus den Gewehrläufen, nicht aus einem Personal Computer oder einem Macbook.

Während auf dem Balkan in den neunziger Jahren nach Herzenslust gemordet wurde, waren die Rahmenbedingungen für Glück in Mitteleuropa tatsächlich so gut wie lange nicht. Demokratie und politische Freiheit waren gesichert, von größeren Wirtschaftskrisen oder gar Kriegen blieb die Bundesrepublik verschont. Was will man – zumindest in politischer Hinsicht – eigentlich mehr?

Natürlich ist Glück eine sehr individuelle Kategorie. Zwar kann kein Staat der Welt individuelles Glück garantieren. Das individuelle Glück ihrer Bürger behindern oder zerstören können Staaten dagegen durchaus. Die Spitzelmaschine der Staatssicherheit in der DDR hatte sich genau das zum Ziel gesetzt. Totalitäre Staaten begründen ihre politische Existenz immer mit einem gesellschaftlichen Glücksversprechen. Die Nationalsozialisten versprachen Kraft durch Freude in der reinrassigen Volksgemeinschaft, die Kommunisten die Verwirklichung des Paradieses in einer klassenlosen Gesellschaft, in der soziales Unrecht für alle Zeiten aufgehoben ist. In der Realität aber wurde nicht das Glück, sondern das Unglück zum gesellschaftlichen Programm.

In der amerikanischen Unabhängigkeitserklärung vom 4. Juli 1776 wurden von den Gründungsvätern »Leben, Freiheit und das Streben nach Glück« garantiert. Das war das Versprechen, dass jeder, der etwas aus seinem Leben machen will, das in den USA auch versuchen konnte. Der Staat würde nicht im Wege stehen. Eine Glücksgarantie war die Passage in der Präambel der Verfassung nicht.

Wenige Wochen vor Einführung der D-Mark ließ sich der erste und letzte frei gewählte Ministerpräsident der DDR, Lothar de Maizière, zu einem Versprechen hinreißen: »Niemand soll vergessen, was die Mark der DDR heute auf einem freien Markt wirklich wert wäre. Und niemand soll sich über die tiefe Krise der DDR-Wirtschaft Illusionen machen. Wir konnten und können nicht so weiterwirtschaften wie bisher. Nicht alle Blütenträume, die manche mit dem Staatsvertrag verbunden haben, konnten in Erfüllung gehen. Aber niemandem wird es schlechter gehen als bisher. Im Gegenteil.«

Vor allem der letzte Satz ist Lothar de Maizière stellvertretend für die damaligen Regierungen in Ost und West in den vergangenen zwanzig Jahren ständig um die Ohren gehauen worden. »Niemandem wird es schlechter gehen« – das war in der Tat eine mutige Behauptung. Ob es jemandem gut oder schlecht geht, hängt in einem demokratisch verfassten Rechtsstaat schließlich nicht nur von der Regierung ab. In de Maizières Ansage steckte ein deutsches Missverständnis: Der DDR-Christdemokrat sah den Staat noch immer als Garant für das Wohlergehen seiner Bürger. Besser wäre wohl gewesen: »Die Regierung in Deutschland wird dem Glück ihrer Bürger künftig nicht mehr im Wege stehen. Und falls das Volk doch diesen Eindruck gewinnen sollte, kann es diese Regierung abwählen.«

Dennoch bedarf es der Erläuterung, wenn Bundeskanzlerin Angela Merkel zwanzig Jahre später in einem Interview erklärt: »Die Wiedervereinigung ist ein unvorstellbares Glück!« Frau Merkels Urteil basiert auf solidem Fundament: Sie ist, obgleich in Hamburg geboren, schon als Kleinkind in die DDR geraten – ihr Vater war evangelischer Pfarrer und siedelte in Gottes Namen dorthin um. Die kleine Angela hat alles mitgemacht: die realsozialistische Grund- und Oberschule, das Russischpauken, die FDJ-Abende. Wegen ihrer exzellenten Leistungen durfte sie Physik studieren und später an der Akademie für Wissenschaften ihre Doktorarbeit schreiben. Morgens um sieben, auf dem Weg mit der klapprigen S-Bahn ins Labor, las sie die ›Prawda‹. Deshalb ahnte sie als eine der Ersten, dass es mit der DDR nicht mehr lange so weitergehen würde. Als die Herrschaft der Politikergreise Ende 1989 kollabierte, nahm die intelligente Naturwissenschaftlerin Abschied von der Experimentalphysik und wurde Berufspolitikerin. Dass sie jemals deutsche Bundeskanzlerin werden würde, das konnte weder Angela Merkel, die ostdeutsche Pfarrerstochter aus der Uckermark, noch irgendjemand anderes vorausahnen. Es war auch viel Glück dabei.

Eine Mischung aus so viel Glück, so viel sichtbaren Erfolg und ein rasanter Aufstieg in die höheren Sphären von Politik, Wirtschaft und Gesellschaft ist logischerweise ein Unikat: eine (oder einer) kann es haben, nur eine(r). Doch ist die Wiedervereinigung für Angela Merkels Jahrgänge, ja für das ganze deutsche Volk, »ein unvorstellbares Glück«? Sie profitieren doch alle gleichermaßen von Reise- und Meinungsfreiheit, von neuer Währung und Konsum, von der Möglichkeit, den Arbeitsplatz selbst zu suchen und zu wechseln, in eine Partei oder Gewerkschaft einzutreten – oder es zu lassen. Die Ostdeutschen können seit

1990 vor Zivil-, Arbeits-, Sozial- und Finanzgerichte ziehen und ganz selbstverständlich den eigenen Staat verklagen, nicht selten mit staatlicher Finanzbeihilfe für die Anwaltskosten übrigens. In der DDR, die sich selbst ja als Diktatur (der Arbeiterklasse) verstand, gab es keine Verwaltungsgerichtsbarkeit, allein diese Tatsachen begründen den Titel »Unrechtsstaat« allemal. Und die ubiquitäre Spitzelei – denn das Ministerium für Staatssicherheit, das MfS, konnte überall dabei sein, sogar im Ehebett – auch dieser menschenverachtende Zustand ist passé.

Es ist nur viel verlangt, sich dieser neuen Lebensumstände als »unvorstellbares Glück« gewärtig zu sein, sozusagen permanent und anlasslos, denn die menschliche Psyche funktioniert nicht so. Wer sechs Richtige im Lotto hat und Millionär wird, der schwebt danach wie auf Wolken, glückselig eben. Doch wie lange? Jahrelang? Jahrzehntelang? Nein, leider nicht. Die Glücksforscher sind sich einig: Großes Lottoglück, die berühmten sechs Richtigen, stimulieren Stimmung und Gemütslage im Durchschnitt nur sechs Monate. Danach schwingen die schönen Seelenregungen in den alten Normalzustand zurück. Dann ärgert man sich darüber, dass einen das Navi im neuen Mercedes schon wieder verlässlich in den nächsten Stau geführt hat, dass die Kameraanlage an der Villa ausgefallen ist oder der Cateringservice bei der letzten Party den falschen Champagner aufgetischt hat. Glücksgefühle sind, ebenso wie Dankbarkeit, gute Vorsätze oder edle Regungen, offenbar keine immerwährenden Gefühle.

Diese psychologische Banalität – niemand bestreitet sie – führt beim Zusammenleben zwischen Ost und West jedoch noch immer zu Verstimmungen. Trotz der tendenziellen Annäherung der Lebenswelten halten sich die Vorurteile hartnäckig. Nur ein Prozent der Ostdeutschen hält sich selbst für arrogant, schreibt diese unsympathische Wesensart aber 79 Prozent der Westdeutschen zu. Und obwohl seit beinahe zwei Jahrzehnten Milliarden in den Osten fließen, hält man dort nur ein Prozent der Wessis für hilfsbereit, wie in einer im März 2010 veröffentlichten Studie über signifikante Ost-West-Unterschiede des Allensbach-Institutes zu lesen war. Die Wessis sind nur aufs Geld aus, glauben 61 Prozent der Ossis. Über sich selbst sagen das nur sechzehn Prozent der Westdeutschen. Als »bescheiden« titulieren sich 72 Prozent der Ostdeutschen, halten diese Eigenschaft im Westen mit zwei Prozent aber faktisch für nicht existent. Wessis und Ossis halten sich jeweils für politisch interessierter als ihre Landsleute, für ehrlicher natürlich auch. Wohl die wichtigste Differenz: Im Westen bewertet man Freiheit höher als Gleichheit, im Osten ist es genau umgekehrt. Wessis empfinden sich vornehmlich als Deutsche, Ossis »nur« als Ostdeutsche. Die Folgen der mentalen Trennung, so die Demoskopen, werden vermutlich noch zwanzig bis dreißig Jahre fortwirken.

Wer vom Westen her zu einer kurzen Stippvisite in die neuen Bundesländer aufbricht, der vermisst mitunter beispielsweise Dankbarkeit bei den Ex-DDR-Bewohnern. Ich habe das Mitte der neunziger Jahre einmal bei einem Ausflug der CSU-Bundestagsgruppe nach Mecklenburg und Thüringen beobachtet. Die Bayern tobten wie ein süddeutsches Gute-Laune-Kommando von Ort zu Ort, schlugen bei ihren Spaziergängen an der Ostseepromenade bei Rostock oder einer Besichtigung der Krämerbrücke in Erfurt wildfremden Ossis ungefragt auf die Schulter und riefen: »Super, wie hier der Aufbau funktioniert. Das hättet ihr euch vor zehn Jahren nicht träumen lassen, oder? Hahaha!« In der Regel ernteten sie entgeisterte Blicke, was bei der CSU wiederum Irritationen auslöste: »Ja mei, wos hat er denn?«

Westdeutsche behaupten auch gern, das »Jammern« sei weit verbreitet im »Beitrittsgebiet«. Dabei ist dieser als »Jammern« missverstandene Ton oft nur der in manchen Regionen Ostdeutschlands gängige Versuch, ein Gespräch zu eröffnen. An der vorpommerschen Bushaltestelle sagt man zum Nachbarn: »Ich glaub nich, dass der Bus pünktlich is«, anstatt: »Wie schön die

Schneeglöckchen heute wieder aus der Erde kommen.« Und dass man seinem Seelenschmerz bei allen möglichen Gelegenheiten auch ungefragt Ausdruck geben darf, gilt ja in Deutschland inzwischen vielerorts ganz allgemein als Konversation. Dabei haben sich seit der Wiedervereinigung überall im Land neue Grundmuster herausgebildet. Schuld an irgendeiner Misere sind mit Vorliebe ferne – Berliner oder Brüsseler – Entscheidungsträger, Abhilfe erwartet man vom Staat, weniger durch eigene Initiative.

Zugegeben, wer Jahrzehnte in einem – zuletzt recht kümmerlichen – Versorgungsstaat aufgewachsen ist und gelebt hat, der hat naturgemäß Mühe, der Sicherheit und Gängelei in allen Lebenslagen Lebewohl zu sagen. Adam Michniks Gedanken wurden in diesem Buch bereits erwähnt. Die Freiheit bietet unbestritten mehr Möglichkeiten, aber auch mehr Risiken. Es kann gut gehen – oder eben nicht. Und den älteren DDR-Bürgern fehlt nicht selten das Lob: die vielen kleinen und großen Orden und Auszeichnungen, die Titel, die ehrenvollen Erwähnungen, Prämien, Berufsfeiertage, alles vorbei. Vielleicht war dieses Glück nur aus Blech und Papier, aber es zeigte Wirkung: »Man war doch wer!«, hat mir eine ehemalige Angestellte des Ost-Berliner Verkehrsministeriums ihr DDR-Lebensgefühl beschrieben. Nicht direkt im Ministerium. Obwohl auch dies nicht außerhalb aller Möglichkeiten lag, schließlich hielt sich die DDR 48 Minister und 286 stellvertretende Minister. *Zweihundertsechsundachtzig*! Die Angestellte des Verkehrsministeriums war dagegen nur eine kleine Sekretärin, unter anderem zuständig für die Verteilung von Theaterkarten. Nicht für die Ministerspitze, nur für ihre kleine Abteilung, für 46 Menschen. Aber: »Man war doch wer!«

Die wenigsten Schwierigkeiten, sich den so grundsätzlich veränderten Zeitläufen anzupassen, haben jüngere Menschen, denen eine Prägung durch das alte Regime zum Glück erspart geblieben ist. Ganz gut zurecht kommen natürlich auch diejenigen, die sich getrost zu den kalten, gemütsarmen Charakteren zählen lassen müssen: Deshalb kommen zum Beispiel die einst »leitenden Kader« aus Staat, Partei und Sicherheitsorganen in den neuen Zeiten im Allgemeinen gut über die Runden; vor allem, seit sie wissen, dass irgendwelche strafrechtlichen Folgen ihrer DDR-Tätigkeiten nicht zu befürchten sind. Sie mussten ihre Häuser nicht verlassen, die Kinder konnten im Westen Karriere machen und die Renten sind auch sicher. Das waren 1989 die vier dunklen Sorgen der staatstragenden Persönlichkeiten – und davon gab es in der DDR etliche Hunderttausend. Die Sorgen haben sich wie der Morgennebel rückstandlos verflüchtigt. Nun haben die Angehörigen der DDR-Elite nur noch zwei Wünsche: Man möge ihre Leistungen in schwerer Zeit (1945 bis 1989) ordentlich anerkennen. Ein General der Nationalen Volksarmee möchte dereinst auch als General mit allen militärischen Ehren der Bundeswehr beerdigt werden, was zurzeit noch verboten ist. Und: Sie möchten wieder mitregieren. Auf beiden Feldern kommen die Veteranen der DDR – in West-Berlin nannte man sie »Tätärä« – ganz gut voran. Der Ausgang aller Geschichten und Geschichte ist eben immer offen.

Das gilt auch für die Wiedervereinigung und das Glück. Dass die Deutschen angesichts mancher einflussreicher Skeptiker im europäischen Ausland auch Pech hätten haben können, wurde im vorigen Kapitel bereits verhandelt. Das Bewusstsein darüber ist den Deutschen aber mit den Jahren verloren gegangen wie Hans im Märchen der Gebrüder Grimm der Goldklumpen. So schrumpfte der historische deutsche Hauptgewinn im kollektiven Gedächtnis immer weiter zusammen, und manche empfinden die Einheit heute als Bürde wie den Feldstein, den Hans am Ende seiner Grimm'schen Odyssee auch noch im Brunnen versenkte.

Diesen Endruck gewann man jedenfalls manchmal in der medialen Vermittlung des Themas im Herbst 2009. Repräsentative Umfragen vermitteln glücklicherweise ein anderes Bild. 86

Prozent der Deutschen hielten die deutsche Wiedervereinigung einer Studie zufolge für die richtige Entscheidung. Die Zustimmung ist im Osten Deutschlands sogar noch höher als im Westen. 91 Prozent der ostdeutschen Befragten bewerteten das Ereignis positiv, berichtete die Deutsche Presseagentur anlässlich des Mauerfall-Jubiläums.

Die Grundhaltung der Bevölkerung zur Wiedervereinigung war damit seit längerer Zeit stabil. Seit Anfang der neunziger Jahre beurteilen rund vier von fünf Bundesbürgern die Einheit positiv. Bei einer Umfrage der Forschungsgruppe Wahlen im Auftrag des ZDF-»Politbarometers« hielten lediglich elf Prozent der Befragten die Wiedervereinigung für eine »falsche Entscheidung«, drei Prozent hatten keine Meinung zu dem Thema.

Während Länder wie Polen, Tschechien oder Ungarn die Umwandlung von einer sozialistischen Planwirtschaft in eine Marktwirtschaft selbst organisieren und vor allem finanzieren mussten, kam dem Osten der Westen zu Hilfe. Dieser Vorgang ist weltweit ohne Beispiel. Wie viel Geld bisher genau in die neuen Länder geflossen ist, lässt sich exakt kaum ermitteln. Als ich im Herbst 2009 den Chef eines bedeutenden amerikanischen Think-Tanks nach seiner Meinung zum bisherigen Verlauf der Wiedervereinigung fragte, antwortete er kurz und bündig: »Sehr beeindruckend, aber ein bisschen teuer!«

Über die genauen Kosten der Wiedervereinigung haben die Bundesregierungen seit jeher nicht gern gesprochen, so wie man auch über den Kriegseinsatz der Bundeswehr in Afghanistan lange nicht ernsthaft debattiert hat. Die Gründe sind ähnlich: Zum einen wollte man eine Neiddebatte vermeiden, zum anderen das Bild des deutschen Soldaten als Sozialarbeiter in Uniform nicht gefährden. Das politische Stilmittel war mit behutsamer Verschleierung freilich dasselbe.

Während der damalige Bundesminister für den Aufbau Ost, Manfred Stolpe, im Herbst 2004 die reine Hilfe der West-Transfers gen Osten auf 250 Milliarden bezifferte, kam der Leiter des Forschungsverbundes SED-Staat an der Freien Universität, Klaus Schroeder, damals bereits zu einem wesentlich höheren Ergebnis. Allein in den ersten fünfzehn Jahren nach dem Mauerfall hatte der Aufbau Ost seinen Berechnungen zufolge etwa 1,5 Billionen Euro verschlungen – das entspricht etwa dem Rekorddefizit des US-Haushalts 2010 nach den historischen Pleiten auf dem Bankensektor, die letztlich eine Weltwirtschaftskrise auslösten. Die gesamte Staatsverschuldung von Bund, Ländern und Gemeinden in Deutschland liegt heute mit etwa 1,785 Billionen Euro nur unwesentlich höher (falls dieses Buch Weihnachten 2010 unter dem Christbaum liegen sollte, kann man das Ergebnis ruhig mit 1,8 Billionen ansetzen).

Umso erstaunlicher ist es, mit wie viel deutschem Gleichmut diese astronomischen Anstrengungen in den vergangenen zwei Jahrzehnten hingenommen worden sind. Zwar gibt es immer mal wieder den Versuch westdeutscher Politiker, den Solidaritätszuschlag für den Aufbau Ost in Frage zu stellen. Insgesamt wird an diesem Pakt für den Aufbau aber nicht ernsthaft gerüttelt. Warum auch? Die Ergebnisse können sich schließlich sehen lassen.

In seinen Untersuchungen fand Schroeder heraus, dass die Haushalte in Ostdeutschland inzwischen deutlich besser dastehen, als meistens angenommen wird. Zu Beginn der Wiedervereinigung hätten sie kaufkraftbereinigt auf dem Niveau eines durchschnittlichen westdeutschen Haushalts am Ende der fünfziger Jahre gelegen. Mitte der neunziger Jahre hätten sie bereits das westdeutsche Niveau von 1992 erreicht. Das bedeute einen »Wohlstandssprung« innerhalb von fünf Jahren, für den Westdeutschland dreißig Jahre gebraucht hatte.

In den ersten Jahren der Einheit legte die Wirtschaft in den neuen Ländern mit jährlichen Wachstumsraten von bis zu acht Prozent kräftig zu. Ab Mitte der neunziger Jahre verlangsamte sich diese Aufholjagd und stagnierte dann eine Weile. Auch die jüngste Weltwirtschaftskrise hat die Ost-Ökonomie empfindlich getroffen.

Doch trotz dieser Schwankungen ging es tendenziell aufwärts. Das Bruttoinlandsprodukt je Einwohner wuchs von rund vierzig Prozent des westdeutschen Standards auf zwei Drittel im Jahr 1996 und erreichte im Jahr 2005 schließlich 75 Prozent. Auch von einem betriebswirtschaftlichen Kahlschlag durch die Treuhand kann bei genauer Betrachtung keine Rede sein. Die Treuhand hat von den mehr als 12 000 Unternehmen, die aus den ehemaligen volkseigenen Betrieben und Kombinaten hervorgegangen waren, rund dreißig Prozent stillgelegt. Mehr als die Hälfte aber wurde privatisiert, wobei es oft zu betriebsbedingten Kündigungen kam. Die wenigsten VEB waren bei Übernahme konkurrenzfähig. Weitere dreizehn Prozent gingen zurück an Alteigentümer, drei Prozent kamen in kommunale Trägerschaft. Allein in dieser Sparte des Aufbaus Ost landeten etwa 1,4 Billionen Euro: Investitionshilfen, Innovationsförderung, Infrastrukturverbesserung, Sozialpläne. Bis 2019 werden dafür noch weitere 156 Milliarden Euro fließen.

Per Saldo – Anmeldungen minus Abmeldungen – wurden nach Angaben des Bundesinnenministeriums in den neuen Ländern allein zwischen 1990 und 2005 etwa 850 000 neue Unternehmen gegründet. Das Haushaltsnettoeinkommen in den neuen Ländern stieg von 54,4 Prozent 1990 auf über achtzig Prozent des durchschnittlichen westdeutschen Niveaus. Die großen Gewinner der Einheit waren in finanzieller Hinsicht vor allem die ostdeutschen Rentner: In der DDR gehörten sie als nicht produktive Elemente zu den klaren Verlierern. Ihre Grundversorgung lag 1988 bei gerade 37 Prozent der ohnehin niedrigen Bruttoeinkommen. Meine Großeltern mussten in der DDR jeden »Alu-Chip« umdrehen, die Wohnungseinrichtung war mehr als spartanisch, statt Farbfernseher oder HiFi-Anlage mussten auch noch in den achtziger Jahren ein flimmerndes Röhrenradio und ein Schwarzweiß-TV mit Wackelkontakt genügen. Auslandsreisen waren völlig utopisch, auch nicht nach Polen oder ans Schwarze Meer: zu teuer. Urlaub machten Opa und Oma bei uns im Westen – denn ab 65 durfte man ohne große Probleme »rüber«. Wer die DDR als Rentner verlassen wollte, bekam keine Steine in den Weg gelegt. Die Übersiedlung ins nichtsozialistische Ausland, der Umzug zum Klassenfeind, entlastete die DDR-Rentenkassen und wurde in der Regel schnell genehmigt.

Meine Großmutter mütterlicherseits lebte 1988 noch in einem einfachen Bauernhaus mit Außenklo. Sie starb an einem Oberschenkelhalsbruch im Winter 1988, als sie morgens das Haus verließ und auf dem spiegelglatten Hof ausrutschte. Daran war die SED natürlich nicht schuld – an der unwürdigen Behandlung vieler alter Menschen dagegen schon. Als ehemalige Hausfrau und Kirchgängerin hatte meine Großmutter vom SED-Staat nicht viel zu erwarten. Diese strukturelle Missachtung zeigte sich noch nach ihrem Tod im bitterkalten Dezember: Der staatlich bestellte Friedhofsdiener hatte ihr Grab zu klein ausgehoben, so mussten meine aus dem Westen angereisten Onkel mit Spitzhacke und Spaten den Frostboden bei der Beerdigung bearbeiten, bis der Sarg endlich in die Grube passte. Der Friedhofsdiener schlief unterdessen seinen Rausch aus.

Prominente SED-Größen oder Mitarbeiter von Mielkes Spitzelimperium mussten sich dagegen keine Sorgen machen, dass nach ihrem Ableben etwas schiefgehen könnte. Darüber wachte im Ministerium für Staatssicherheit ein eigenes Ressort. Im Hausjargon nannte man sie die Abteilung »Freud und Leid«. Die zehnköpfige Truppe betreute pensionierte Geheimdienstler, seine Stasi-Schäfchen, »bis der Sargdeckel zufiel«, wie mir der ehemalige Stasi-Major Hubert Hunold einmal nach der Wende erklärte.

Über dreißig Jahre lang war Hunold damit beschäftigt, verstorbenen »Kundschaftern des Friedens« – so wurden Spione in der DDR genannt – einen ehrenvollen Abschied zu bereiten. Hunold blieb seiner Branche auch nach der Wende treu. Noch nach der Auflösung des Dienstes hat der frühere Stasi-Offizier für »mehrere Dutzend« MfS-Angehörige Beerdigungen organisiert – im April 1995 trug er den einstigen Stasi-Meisterspion Günter Guillaume zu Grabe.

Die Bestattung, die ich mir damals aus der Nähe ansah, geriet zum Aufmarsch der abgewickelten Stasi-Generalität. Nach bester Tschekistenmanier hatten die Veteranen schon eine Stunde vor dem Termin das Friedhofsgelände in Berlin-Marzahn sondiert. Nur Markus Wolf, der als Chef der Auslandsspionage Guillaume seit den fünfziger Jahren beim westlichen Gegner geführt hatte, kam erst Schlag 13 Uhr, zum Glockengeläut.

Über achtzig alte Kameraden versammelten sich damals an Guillaumes Grabstelle, in dunklen Mänteln, mit silbrigem Haar und wachem Blick. Im Westen stand der Name Guillaume für Verrat, seinen Kollegen im Osten aber galt der ehemalige Referent von Bundeskanzler Willy Brandt als Repräsentant für die Überlegenheit des DDR-Geheimdienstes. Guillaumes Enttarnung hatte 1974 zum Rücktritt von Brandt geführt.

In seiner Trauerrede erinnerte der letzte Spionage-Chef der DDR, Wolf-Nachfolger Werner Großmann, an »Fleiß, Zielstrebigkeit, Ausdauer, Geschick« des Top-Agenten. »Selbst im Wissen um die Gefahr« habe Guillaume »bis zuletzt diszipliniert und hingebungsvoll auf seinem Posten« durchgehalten. Mit der Ansprache erfüllte Großmann »Günters letzten Wunsch«.

Dann wurde es heimelig. Noch kurz vor seinem Tod hatte der ehemalige Generaloberst den verdienten Kundschafter zu einer kleinen Geburtstagsfeier in seine Marzahner Plattenwohnung eingeladen. Von »Krankheit gezeichnet« war Guillaume, der den Namen seiner zweiten Frau angenommen hatte und deshalb jetzt als Günter Bröhl unter die Erde kam, »wie immer rege beim Gespräch und voller Zuversicht«. So viel Zeit wie früher bei offiziellen MfS-Bestattungen blieb Großmann aber nicht. Hunold musste seinen alten Chef zur Eile mahnen: Für die zwanzigminütige Zeremonie war mit der Friedhofsleitung ein Festpreis von 480 Mark vereinbart, eine Überschreitung des Zeitlimits hätte die Veranstaltung um 240 Mark verteuert. Hunold beklagte sich darüber in einem Anfall von DDR-Nostalgie bei mir: »Früher waren die Bestattungen viel billiger!«

Auch die Ehrenbezeugungen fielen sparsam aus. Wäre Guillaume zu Honeckers Zeiten gestorben, klagt der frühere Generalleutnant Günter Möller, »dann hätten wir ihn mit allen militärischen Ehren bestattet«: Soldaten des Wachregiments Feliks Dzierzynski in Habacht-Stellung, Salutschüsse und, vor allem, keine West-Journalisten. Um wenigstens die nächsten Angehörigen Guillaumes vor den vielen Reportern und Fotografen zu schützen, hatte der gewiefte Geheimdienstmann einen weißen BMW organisiert, den er direkt zu Kapelle und Grab chauffieren ließ. An die Hinterbliebenen »war kein Rankommen«, freute sich Hunold hernach – gelernt ist gelernt.

Im Berliner Stadtteil Hellersdorf betrieb das Alt-Stasi-Mitglied Mitte der neunziger Jahre das »St. Anschar Bestattungsinstitut«. Kunden aus dem Geheimdienstmilieu schätzen seinen schlichten und diskreten Service. Der ehemalige Tschekist konnte prominente Namen anführen: Im Dezember 1993 brachte er Heinz Fiedler unter die Erde, den ehemaligen Chef der Hauptabteilung VI. Ein Jahr später begrub er Rudi Mittig, früher Stellvertreter von Erich Mielke.

Vom Diensteintritt bis zum Tod blieb in Mielkes Geheimarmee nichts dem Zufall überlassen. Die von Generalleutnant Möller befehligte Truppe »Freud und Leid« hatte in jeder Stasi-Abteilung ein bis zwei »Ansprechpartner«, die für Seniorenfeiern, Urlaube und selbst Eheprobleme zuständig waren. Einmal im Jahr wurden die Aktivisten zur Schulung versammelt, um die Regeln der Konspiration fürs Rentnerleben zu studieren. Hinter der fürsorglichen Belagerung der Stasi-Pensionäre steckte freilich politisches Kalkül. Viele Spione, die im Laufe ihres Lebens von der Gegenseite angeworben wurden, haben das Rentenalter erreicht. Nun entfernt von der unsichtbaren Front, langweilen sie sich nach Ende ihrer Laufbahn buchstäblich zu Tode. Etwaige feindliche Kontaktaufnahme sollte von Hunolds Abteilung mit einem attraktiven Rentnerprogramm vermieden werden. Dass aber eine ehemalige Stasi-Abteilung nach dem Zusammenbruch des SED-Regimes sich so erfolgreich mit Hilfe von Bestattungsunternehmen in den verhassten Kapitalismus und die Marktwirtschaft integrierte, gehört vielleicht zu den bemerkenswertesten Erfolgen der deutschen Einheit, auch wenn diese Vorgänge bisher kaum bekannt sind.

Wer die DDR als normaler Rentner überlebte, hatte es im neuen Deutschland sofort deutlich besser. Weil in der DDR meist beide Ehepartner erwerbstätig waren und das Rentenniveau nach der Wende entsprechend angehoben wurde, bekamen Pensionäre im Osten nach der Wende oft höhere Renten als im Westen ausgezahlt. In der alten Bundesrepublik wurde darüber zuweilen gemurrt – ein unfairer Neidreflex, denn viele Ex-DDR-Bürger, die ihr Leben im realen Sozialismus verbringen mussten, konnten erst nach der Wende nachholen, was für Bundesbürger ganz normal war: Urlaub im westlichen Ausland, spontane Städtereisen oder auch nur ein Restaurantbesuch ohne die nervige Vorwarnung: »Bitte warten, Sie werden platziert!«

Vergleicht man heute die Ausstattung durchschnittlicher Wohnungen in Ost und West, so ist fast kein Unterschied mehr auszumachen. Autos und Telefone – in der DDR seltene Luxusartikel, auf die man jahrelang warten musste – finden sich heute in so gut wie jedem Haushalt. Auch Waschmaschinen, Farbfernseher und Stereoanlagen fehlen heute fast nirgends. Wem diese Indikatoren des Lebensstandards zu materiell sind, den überzeugt vielleicht ein Blick auf die durchschnittliche Lebenserwartung: Sie stieg von 1991 bis 2007 in den neuen Bundesländern von 69,75 Jahre auf 75,80 bei Männern und von 75,81 auf 82,02 Jahren bei Frauen. Die Lebensqualität in den neuen Ländern ist nach der Wende also eindeutig gestiegen. Die Gründe dafür sind offensichtlich: Der stinkende Raubbau an der Natur, die industrielle Verpestung ganzer Regionen, wurde abgestellt, in Saale und Elbe kann man heute wieder baden. Das Gesundheitssystem ist leistungsfähiger als noch in der DDR, die Ernährung ist besser geworden, die Qualität und die Auswahlmöglichkeiten von Lebensmitteln sind deutlich gestiegen. Vermutlich sind die meisten Menschen heute insgesamt frohgemuter als früher, auch wenn sie das vielleicht nicht immer zugeben. Die Statistik spricht jedenfalls für sich. Und woran soll man den Erfolg und das Glück der Einheit messen, wenn nicht an der gestiegenen Lebenserwartung der Deutschen in Ost und West?

Diese erfreuliche Entwicklung ist keineswegs naturgegeben. Manche Landstriche in Osteuropa haben sich in den vergangenen Jahrzehnten nach dem Zusammenbruch des Sowjetimperiums nicht etwa nach vorn, sondern rückwärts entwickelt. Zwischen St. Petersburg und Moskau regredieren ganze Ortschaften in die Lebenswelten des 19. Jahrhunderts: kaum ärztliche Versorgung, kein Strom, spätmittelalterliche Landwirtschaft. Auch im Osten Polens lassen sich solche Elendslandschaften besichtigen, etwa eine Tagesreise von Berlin mit dem Auto entfernt. Die Frauen flüchten in die westlich gelegenen Städte, die Männer in den Alkohol. Und während die Dorfbevölkerung vergreist, lassen die Rentner beim Dorfkrämer ab Mitte des Monats für Speck und Brot anschreiben.

Man darf annehmen, dass die Realität in vielen Städten und Dörfern Brandenburgs, Vorpommerns oder Mecklenburgs heute nicht viel anders aussähe, wenn die deutsche Einheit nicht nur an das Versprechen auf Freiheit, sondern seinerzeit auch an ein vergleichbares Lebensniveau gekoppelt worden wäre. Während der Stand der Einheit aber in all seinen ökonomischen, politischen und psychosozialen Facetten wie kaum ein anderes deutsches Phänomen quasi permanent von Meinungsforschern, Gutachtern und Demographen analysiert worden ist und damit vermutlich zu den am besten bewachten Ereignissen der jüngeren europäischen Geschichte gehört, findet man kaum Analysen oder fundierte Szenarien darüber, wie sich die DDR ohne den sogenannten Anschluss an Westdeutschland entwickelt hätte. Aber wie gesagt: Ein Ausflug in manche Regionen Osteuropas gibt über diese Frage reichlich Antwort.

Die in diesem Buch bereits behandelte Landflucht aus Ostdeutschland wird von Kritikern oft als stärkster Einwand gegen den Verlauf der Einheit angebracht. Verlassene Dörfer, getrennte Familien, leer stehende Wohnungen in ostdeutschen Kleinstädten, in denen immer weniger Menschen leben wollen – auf den ersten Blick mag man in die Klage über den Bevölkerungsschwund miteinstimmen. Auf der anderen Seite steckt in diesem Phänomen aber auch eine Erfolgsgeschichte. Über eine Million ostdeutsche Auswanderer im eigenen Land haben sich seither in den Westen integriert. Ohne ihre Aufnahme in die alte Bundesrepublik wäre die Einheit nur schwer gelungen. Diese Ost-West-Migranten haben den Westen aufgefrischt wie zuvor nur die Vertriebenen aus den verlorenen Ostgebieten, die in den späten vierziger und fünfziger Jahren unter erheblich schwereren Bedingungen ihre Heimat aufgeben mussten. Jörg Lau, Redakteur der ›Zeit‹, hat diese deutschen Einwanderer nach Deutschland einmal als »Agenten der Modernisierung« beschrieben. Soll heißen: Wer alles hinter sich lässt, ist zu dreifacher Anstrengung in der neuen Heimat gezwungen. Die Vertriebenen werden bis heute oft mit rechtslastigen Ewiggestrigen gleichgesetzt. Genauso unterstellt man Ostdeutschen oft Xenophobie, einen peinlichen Hang zu

Folklore oder zu nach kaltem Rauch schmeckendem Kulturkonservatismus. Dieser Blick ist mehr als ungerecht. Vertriebene und DDR-Umsiedler haben sich in der Geschichte der Bundesrepublik buchstäblich mehr bewegt als jeder Bewohner der satten Wirtschaftsregionen in Südwestdeutschland. Ohne ihren persönlichen Einsatz, ihre private Mobilität und ihre Bereitschaft, Gewissheiten und Gewohnheiten hinter sich zu lassen, wäre der Westen längst nicht so modern, wie er sich selbst gerne sieht.

Auf der anderen Seite: Während sich unsere osteuropäischen Nachbarn selbst an den Haaren aus dem realsozialistischen Sumpf ziehen mussten, hat auch der viel geschmähte Wessi im Osten ordentlich mitangefasst. Und zwar nicht nur mit Hilfe seines Gehalts, von dem seit 1991 mit dem Solidaritätszuschlag zunächst 7,5 Prozent, heute 5,5 Prozent Monat für Monat auf die Einkommenssteuer geschlagen werden. Vor allem Anfang der neunziger Jahre tauchte in den neuen Ländern ein neuer deutscher Phänotyp auf: der sogenannte Wossi.

Wossis waren und sind jene Deutsche, die nach dem Fall der Mauer Ernst gemacht haben mit der Einheit. Sie gingen als Ostler in den Westen – und umgekehrt. Die Wossis waren und sind die inoffiziellen Botschafter im eigenen Land. Ohne sie wären wir Deutsche uns auch nach zwanzig Jahren Einheit noch immer sehr fremd.

Natürlich gibt es mehr Wossis mit ostdeutschen Wurzeln als umgekehrt. Seit 1945 hat Ostdeutschland bzw. das ehemalige Territorium der DDR etwa vier Millionen Menschen an den Westen verloren. Der Anteil der Wossis mit westlichem Migrationshintergrund ist bedeutend geringer. Wer als Westler nach der Wende in den Osten ging, suchte meist nicht nur Arbeit, sondern vor allem seine Karriere.

Diese Wossis waren – meist männliche – Zeitgenossen, die von westlichen Parteien, Organisationen, Unternehmen oder Verbänden in den Osten geschickt wurden, um Aufbauhilfe zu leisten.

Das Wossi-Leben produzierte deutsch-deutsche Einsichten – und Missverständnisse.

Man traf die Wossis als wissenschaftliche Mitarbeiter ostdeutscher Parlamentarier, als Manager in Banken und Sparkassen, als Berater und Sekretäre in Gewerkschaften und Arbeitgeberverbänden, als Analysten in Betrieben und Fabriken. Viele Wossis pendelten am Wochenende nach Hause, manche holten ihre Familien nach. Schon nach kurzer Zeit sehnten sich viele nach einem vernünftigen italienischen Restaurant, einem anständigen Weinhändler, einem originellen Programmkino oder einem Radiosender, in dem ausnahmsweise mal keine Volksmusik oder deutsche Schlager gespielt wurden. Das Leben im Osten erschien ihnen hart und entbehrungsreich, so hart, dass Autovermieter wegen der schlechten Straßen im Osten die Reifen aus der Versicherung nahmen.

Die Übersiedlung der Wossis von West nach Ost stieß nicht überall auf Gegenliebe. Im sächsischen Landtag beklagte der Fraktionschef der Linken Mitte der neunziger Jahre gar eine vermeintliche »Überfremdung« des Ostens durch zugereiste Wessis.

Viele Wossis wurden als DiMiDo-Angestellte verspottet, weil sie nur von dienstags bis donnerstags ihren Aufgaben nachgingen und an Montagen und Freitagen schon wieder mit der beschwerlichen An- und Abreise beschäftigt waren. Wegen der schlechten Straßen und der langsamen Eisenbahnen konnten sich diese tatsächlich in die Länge ziehen.

In den Jahren 1993/94 habe ich selbst als Wossi im Osten gearbeitet – als Korrespondent für den ›Spiegel‹ in Erfurt. Die Euphorie der Wiedervereinigung war längst verflogen. Trotz der zur Schau getragenen schlechten Laune vieler ostdeutscher Politiker und Protagonisten, denen der Aufbau Ost viel zu langsam vor sich ging, war der Erfolg der Einheit überall sichtbar und mit Händen zu greifen. Die vor der Wende völlig zerfallene Altstadt Erfurts wurde aufwändig renoviert, die Instandsetzung der Fachwerkbauten und der berühmten Krämerbrücke verschlang Millionen. Bei jeder Autobahnfahrt nach Berlin war die renovierte Asphaltpiste ein Stück länger. In Eisenach siedelten sich die Opel-Werke an, in Jena übernahm der ehemalige baden-württembergische Ministerpräsident Lothar Späth die Jenoptik-Werke. Weimar entwickelte sich mit den Jahren zu einem wahren Wossi-Rentnerparadies, immer mehr westdeutsche Pensionäre wollten ihren Lebensabend in der Nähe von Goethe und Schiller verbringen. »Weimar sehen und sterben« titelte ›Spiegel Online‹ einmal böse über dieses Einwanderungsphänomen.

Eine Fahrt mit der Bahn von Berlin nach Erfurt dauerte Anfang der neunziger Jahre mehr als vier Stunden. Genauso lange war man damals mit der Bahn nach Hamburg unterwegs. München oder Frankfurt am Main waren eine Weltreise entfernt, nach New York war man etwa gleich lange unterwegs. Heute geht das alles schneller. Die sichtbarsten Erfolge der Wiedervereinigung liegen im wahrsten Sinne des Wortes auf der Straße – und auf den Schienen.

Seit 1991 sind fast vierzig Milliarden Euro in die »Verkehrsprojekte Deutsche Einheit« geflossen. Sie umfassen neun Schienen- und sieben Autobahnprojekte, dazu kommt der Ausbau der Wasserstraße von Hannover nach Berlin. Unter vierzig Milliarden Euro können wir uns nicht viel vorstellen – deswegen macht es Sinn, sich die einzelnen Bauvorhaben genauer anzuschauen. Dass der ICE von Berlin nach Hamburg heute nur noch 93 Minuten von Hauptbahnhof zu Hauptbahnhof braucht, ist eines der Ergebnisse der Anstrengungen der letzten zwei Jahrzehnte. Vor zwanzig Jahren flog man noch vom Flughafen Tegel in die Hansestadt, wenn man es eilig hatte. Inzwischen ist diese Verbindung gestrichen, sie lohnt sich einfach nicht mehr. Die Bahn ist schneller.

Auch wer von der Hauptstadt nach Frankfurt am Main muss, steigt heute oft eher in die Bahn. Der ICE-Sprinter bringt uns in dreieinhalb Stunden von Hauptbahnhof zu Hauptbahnhof. Auch die Strecke zwischen München und Berlin wird immer schneller: Zurzeit ist man noch knapp sechs Stunden, in ein paar Jahren dann bereits nur noch etwas mehr als vier Stunden unterwegs. Wer 1990 von Hannover nach Berlin (264 km) fuhr, musste mit der Bahn mindestens vier Stunden und zwölf Minuten kalkulieren. Heute schafft der ICE die Strecke in 96 Minuten. Selbst das nahe gelegene Leipzig war von Berlin aus vor zwanzig Jahren oft noch rund zwei Stunden entfernt – heute geht das in sechzig Minuten. Wer im Dezember in der Thomaskirche das Weihnachtsoratorium hören will, kann noch am selben Abend wieder nach Berlin und ist sogar vor Mitternacht zu Hause. Die deutsche Einheit ist also genau besehen ein milliardenschweres Beschleunigungsprojekt.

Werfen wir auch einen Blick auf Autobahnen und Bundesstraßen: Manche Pisten, die uns heute schneller durchs Land bringen, gab es vor zwanzig Jahren noch gar nicht. Die Autobahnen waren in schlechtem Zustand, auf manchen Strecken gab es noch den Belag, über den die Karossen der Nazis gefahren waren. Autobahn- und Straßenbau steht seit dem Auftauchen der Ökologiebewegung unter Verdacht. Und man kann tatsächlich darüber streiten, ob man heute beispielsweise die Autobahn von München nach Salzburg, die direkt am Chiemsee vorbeiführt, um einen Meter höher legen und von zwei auf vier Spuren ausbauen muss. Wer dann künftig von der Kampenwand nach Norden blickt, wird vermutlich nicht mehr an der Herren- und Fraueninsel mitten im Bayerischen Meer hängen bleiben, sondern an einer monströsen Asphaltpiste.

Der Autobahnbau in den neuen Ländern ging dagegen ziemlich konfliktfrei vonstatten. Er war einfach nötig. Ostdeutschland musste dringend seine Infrastruktur verbessern, um auch nur annähernd wettbewerbsfähig zu werden. Die Autobahnprojekte in Ostdeutschland waren kein asphaltierter Selbstzweck, sondern ein dringend benötigter Modernisierungsschub. Die Trasse von

Lübeck über Stralsund nach Berlin hat die Autorepublik Deutschland näher nach Polen gebracht. Die Verbindung zwischen Kassel und Halle holt den Harz näher an die Hauptstadt und entlastet die berüchtigte A2, die inzwischen in langen Teilen vierspurig zwischen Berlin und Hannover ausgebaut wurde. Und das sind nur die wichtigsten Beispiele für Schienen und Autobahnverbindungen.

Wer heute Städte wie Eisenach, Weimar, Erfurt, Jena, Leipzig oder Dresden besucht und sie mit ihrem spätsozialistischen Erscheinungsbild vergleicht, müsste eigentlich vor Ehrfurcht in die Knie gehen. Unzählige Baudenkmäler wurden durch die deutsche Einheit vor dem sicheren Zerfall gerettet. Dasselbe gilt für das Chemiedreieck von Bitterfeld, wo praktisch eine ganze Region zurück ins blühende Leben geholt worden ist. Die nördlich von Leipzig gelegene Gegend galt in der DDR als Hölle auf Erden. »In Bitterfeld hat man das Leben mit der Chemie geerbt wie die Augenfarbe«, schreibt die ostdeutsche Schriftstellerin Monika Maron in ihrem 2009 veröffentlichten Buch ›Bitterfelder Bogen‹.

Als die DDR ihren Geist aufgab, »war Bitterfeld zu einem Synonym für marode Wirtschaft, vergiftete Luft und verseuchten Boden geworden, zu einem Sinnbild des ruinierten Landes«, schreibt sie weiter. »Man musste nur einmal im ewig diesigen Himmel über Bitterfeld nach der Sonne gesucht haben oder einmal unter den Rohrleitungen im Werk herumgelaufen sein, hoffend, es möge Wasser und nicht Säure sein, was einem da auf den Kopf tropfte, man musste nur einmal in Bitterfeld gewesen sein, um zu wissen, dass dort zu leben lebensgefährlich war.«

Von den 17 000 Arbeitern, die beim Chemiekombinat Bitterfeld arbeiteten, waren ständig etwa 7000 bis 8000 Menschen damit beschäftigt, die marode Anstalt überhaupt in Gang zu halten. Nach dem Krieg hatten die Amerikaner zunächst Bitterfeld besetzt. Bei ihrem Abzug Ende Juni 1945 wurde mitgenommen, was nicht niet- und nagelfest war. Die Leitung der IG Farben und ihre Familien setzten sich nach Frankfurt am Main ab. Mit ihnen rollten 45 Waggons, »beladen mit Chemikalien wie Chlorat, Chromat, Pottasche, Natron- und Kalilauge«, heißt es in einer Bitterfelder Geschichtschronik, die kurz nach der Wende entstand. Mit den Amerikanern gingen auch viele Spezialisten und Chemiker – »sowie 192 Aktenbände über Produktionsverfahren« gen Westen.

Anschließend demontierten die Russen sechzig Prozent der Bitterfelder und fünfzig der Wolfener Anlagen. Sie übernahmen 1947 den Betrieb und kassierten aus der laufenden Produktion Reparationszahlungen. Mit dem, was an Produktionsmitteln und Chemieanlagen übrig blieb, produzierten die volkseigenen Betriebe in Bitterfeld und Wolfen unter anderem Schädlingsbekämpfungsmittel, Speisewürze, Weichspüler, Desinfektionsmittel und Flüssigseife. Der Fallout war gewaltig.

Einige ostdeutsche Verwandte aus meiner Familie haben zu DDR-Zeiten in der Nähe von Bitterfeld gelebt. Wenn sie vor dem Haus weiße Wäsche zum Trocknen aufhängten, wurde sie anschließend grau wieder zusammengelegt. Das lag an den 180 Tonnen Flugasche, die aus den Schornsteinen der Chemiebetriebe täglich in die Region gepestet wurden.

Heute gehören weiße Pullover zu den Verkaufsschlagern in der Region, wie Monika Maron herausgefunden hat. Knapp dreißig Jahre nach der (westdeutschen) Veröffentlichung ihres berühmten DDR-Romans ›Flugasche‹, in dem erstmals die massive Umweltverschmutzung des Bitterfelder Chemiedreiecks thematisiert wurde, kehrte die ehemalige DDR-Schriftstellerin in die berüchtigte Industriezone zurück. »Ich hatte ein Bild im Kopf, ein schwarzes, verrußtes, rostfarbenes, dreißig Jahre altes Bild«, schreibt sie – doch was sie zwanzig Jahre nach dem Mauerfall vorfand, sah plötzlich ganz anders aus. Während in den siebziger Jahren von den Chemiebetrieben in Bitterfeld und Wolfen täglich Unmengen von Flugasche über die Region gestreut wurden, breitete sich nun eine riesige Solarfabrik in der Gegend aus. Die verseuchten Böden waren nach der Wende von ehemaligen Chemiearbeitern saniert worden. Allein von 1989 bis 1992 verringerte sich die Luftverschmutzung um sagenhafte 92 Prozent. »Vielleicht kennen ja sogar die Ostdeutschen ihre eigenen Erfolgsgeschichten zu wenig, um stolz auf sie und sich selbst zu sein«, kommentierte Maron ihr Buch, in dem sie nichts weniger erzählt als die Wiederauferstehung einer Region, die jahrzehntelang näher am Tod als am Leben gebaut war.

Den Erfolg im Osten muss man also manchmal suchen, aber er ist schon lange da. Heute fahre ich am Wochenende mit meiner Familie von Berlin aus oft in Badeorte wie Ahlbeck oder Binz auf den Ostseeinseln Usedom und Rügen. Die Gegend liegt in ihrem kargen Gepräge zwar am Rand der Republik, aber dennoch mitten in Europa. Inzwischen kann man am Strand nach Polen laufen, der Stacheldraht ist weg. Die prächtigen Strandvillen zwischen Heringsdorf und Ahlbeck sind Juwelen deutscher Architekturgeschichte, und im Gegensatz zu früher kann man sie mieten, ohne auf einer Warteliste zu stehen oder einen Partei- oder Gewerkschaftsausweis vorzeigen zu müssen. Die Preise sind übrigens nicht höher als in Oberbayern. Wem das trotzdem zu teuer ist, kann sich in Swinemünde einquartieren, in der polnischen Hafen- und Grenzstadt ist im Sommer abends mehr los auf den Straßen als in den deutschen Nachbarorten.

Die Strandspaziergänge über den weißen Sand zwischen Ostdeutschland und Westpolen, die Fähren von Ahlbeck nach Misdroy erscheinen uns heute ganz selbstverständlich. Tatsächlich ist diese wiedergewonnene Normalität am weißen Ostseestrand ein unglaublicher historischer politischer Erfolg. Die größten deutschen Verbrechen wurden auf polnischem Boden begangen, Auschwitz war eine adrette polnische Kleinstadt, bevor die Nazis den Ort in ein weltweites Synonym für fabrikmäßigen Massenmord verwandelten. Es mag sein, dass das deutsch-polnische Verhältnis noch längst nicht so abgesichert und von Institutionen und Städtepartnerschaften durchzogen ist wie die sprichwörtliche deutsch-französische Freundschaft. Eine tagespolitische Dummheit, eine törichte Äußerung reicht mitunter auch heute noch, um eine diplomatische Krise auszulösen. Und es stimmt: An der deutsch-polnischen Grenze wird auch heute oft noch gefremdelt, Debatten wie die um das Zentrum gegen Vertreibungen und die Vorsitzende des Bundes der Vertriebenen, Erika Steinbach, erinnern sogar manchmal an die Zeit aus dem Kalten Krieg. Aber insgeheim wissen Polen und Deutsche, dass diese Diskussionen von gestern sind. Im Alltag funktioniert die Nachbarschaft immer besser. In Slubice und Frankfurt an der Oder besuchen deutsche und polnische Studenten dieselbe Hochschule, die Viadrina, und versuchen dort nicht nur einen gemeinsamen Uni-Alltag, sondern vor allem ein deutsch-polnisches Geschichtsbild zu entwerfen. Der vielleicht überzeugendste Hinweis darauf, dass das deutsch-polnische Verhältnis immer besser wird, findet sich in der bundesrepublikanischen Heiratsstatistik: Bei Eheschließungen mit Ausländern stehen Hochzeiten zwischen Deutschen und Polinen auf Platz eins.

Glück, Leistung, Erfolg: Über diese Kategorien der deutschen Einheit kann ich auch ganz privat urteilen. Mein kleines Glück liegt südwestlich von Berlin in einer Schrebergartenkolonie. Mein Schwager David Gill hat 1989/90 die Stasi maßgeblich mit aufgelöst und arbeitet heute als Justitiar der Evangelischen Kirche mit Blick auf den Gendarmenmarkt. Eine ostdeutsche Cousine sitzt heute in einer der oberen Etagen des Daimler-Hochhauses am Potsdamer Platz. Ein anderer Cousin aus Sachsen-Anhalt versucht, den Bauernhof in Keutschen bei Weißenfels zu bewirtschaften und hält dort tapfer die Stellung. Ost und West – wer glücklicher ist, darüber will ich nicht urteilen. Dafür sind wir vor allem selbst verantwortlich. Eines aber ist sicher: Die kategorische Einteilung der Deutschen in Ossis und Wessis macht heute keinen Sinn mehr. Die Unterschiede verwehen. Die Generation der Deutschen, die nach der Wende groß geworden ist und inzwischen bereits die Schule hinter sich gelassen hat, interessiert sich für alles Mögliche – nur nicht mehr für diese Unterscheidung. Viele Ostdeutsche, denen es schon vor zwanzig Jahren zu blöd war, sich selbst in eine Schublade packen zu lassen, zogen gleich an Westdeutschland vorbei und ließen sich im Ausland nieder. In New York oder San Francisco fragt kein Amerikaner danach, ob man Ossi oder Wessi ist. Für Amerikaner gibt es nur Deutsche – die entweder etwas aus ihrem Leben machen oder nicht. Es ist höchste Zeit, das wir Deutschen uns nach zwanzig Jahren diesen Blick ebenfalls zu eigen machen. Denn unsere Zukunft wird nicht über einen medial ständig befeuerten Ost-West-Konflikt entschieden. Ost- und Westdeutschland sind sich in den vergangenen zwanzig Jahren viel nähergekommen, als wir selbst zugeben wollen. Von gleichen Lebensverhältnissen im ganzen Land sind wir dennoch weit entfernt. Seien wir ehrlich: Diese gleichen Lebensverhältnisse können gar nicht eintreten. Ein Oberbayer führt ein anderes Leben als ein Bewohner des Ruhrgebiets, schließlich können wir die Alpen nicht verschieben. Ein Bürger Stralsunds hat andere Aussichten vor der Haustür als ein Leipziger oder Dresdner. Diese Vielfalt von Lebenswelten macht schließlich den Charakter der Bundesrepublik aus. Wir sind ein föderaler Staatenbund, die Väter und Mütter des Grundgesetzes wollten die unterschiedlichen Erfahrungen der Länder unbedingt in den politischen Prozess einspeisen. Genau deshalb sitzt das kleine Bremen neben dem großen Bayern im Bundesrat.

Es geht also nicht um gleiche Lebenswelten, sondern um Chancengleichheit, um das gleiche Recht auf Freiheit, gesundheitliche Betreuung und, wenn nötig, auf das gleiche Recht auf staatliche Fürsorge. Die Sicherung dieser Rechte wird die Aufgabe von Politik und Gesellschaft in den nächsten Jahrzehnten sein. Die gute Nachricht ist: Der Ost-West-Konflikt wird in diesem Zusammenhang eine eher geringe Rolle spielen. Die schlechte Nachricht: Von allein werden sich diese Rechte nicht auf die nächsten Generationen vererben. Sie sind in Gefahr. Wir tun nicht genug, um sie zu sichern. Wie wir in zwanzig, dreißig Jahren leben werden, entscheidet sich schon heute. Die Politik allein wird diese Aufgabe nicht stemmen können. Um die Zukunft der Bundesrepublik zu meistern, brauchen wir einen Bürgeraufstand, der in seiner politischen Leidenschaft jener ostdeutschen Revolte von 1989 in nichts nachstehen sollte.

Einsichten, Aussichten

Die Deutschen beschäftigen sich gern und oft mit ihrer Vergangenheit. In diesem teutonischen Geschichtsboom kommt es meist nicht so sehr darauf an, etwas Neues zu berichten, als vielmehr das bereits Bekannte mit immer bunteren Bildern oder grelleren Thesen zu erzählen und gegebenenfalls auch zu revidieren. Da flimmert der Zweite Weltkrieg in Farbe über die Mattscheibe, Martin Luther wird zum Spielfilmhelden, der Ansturm der Germanen auf den römischen Limes zur neuen Stunde null der Deutschen stilisiert. Magazintitel mit Hitler auf dem Cover plus beigelegter Führerbunker-DVD gelten auch in der Ära der Printmedienkrise noch immer als sichere Auflagenbringer. Wir schauen oft und gern zurück, unsere Vergangenheit macht uns eben keiner nach.

Hierzulande sind etwa 3000 wissenschaftliche Einrichtungen damit befasst, die Vergangenheit aufzuklären. Nur etwa ein halbes Dutzend Institute beschäftigt sich dagegen mit wissenschaftlicher Zukunftsforschung, dazu kommen ein paar Stiftungen, die Trends nachjagen. Dieser inflationäre Umgang mit der Geschichte ist freilich nicht nur ein deutsches Phänomen. Hier versucht ein amerikanischer Historiker die Geschichte des Zweiten Weltkriegs umzuschreiben, indem er Winston Churchill und Theodor Roosevelt unterstellt, sie hätten auf Hitlers Polenfeldzug nur gewartet, um dann selbst ordentlich loszuprügeln, da erklärt ein britischer Literaturwissenschaftler Franz Kafka posthum zum Pornografen, weil der seinerzeit ein expressionistisches Magazin mit Aktzeichnungen abboniert hatte. Der Popsänger Elton John bringt sich mit der These ins Gespräch, Jesus sei vermutlich schwul gewesen, weil er ständig zwölf junge Männer um sich scharte. Und so weiter.

Bei dieser fröhlichen Treibjagd auf historische Pointen hat sich vor drei Jahrzehnten besonders der ›stern‹ hervorgetan: Das Blatt veröffentlichte damals die – gefälschten – Tagebücher Adolf Hitlers. Weite Teile der deutschen Geschichte müssten umgeschrieben werden, tönten die Chefredakteure, bevor der millionenschwere Betrug aufflog. Umgeschrieben werden musste anschließend freilich nur das Impressum der Hamburger Illustrierten. Diese Beispiele zeigen jedenfalls, dass die Geschichtsschreibung Gefahr läuft, von der Unterhaltungsmaschine plattgewalzt zu werden. Natürlich spielen auch politische Interessen eine Rolle. So ist die Geschichte der 68er-Revolte in Deutschland meist von ehemaligen 68ern erzählt worden. Was die Geschichte der DDR betrifft, lief es nicht ganz so absurd, aber ähnlich. Ausgerechnet das ehemalige SED-Mitglied Gregor Gysi, heute Führungsfigur der »Linken«, oder die Betonkommunistin Sahra Wagenknecht sind im Fernsehen gern gesehene Gäste, wenn es darum geht, Vergangenheit und Gegenwart Ostdeutschlands auszuleuchten. Und je öfter dann die Platte »Es war nicht alles schlecht, vieles war sogar sehr gut« aufgelegt wird, desto stärker wird die These mitgesummt im neuen Deutschland.

Dieser Geschichtsklitterung hat sich allerdings eine mächtige Institution in den Weg gestellt: die sogenannte Birthler-Behörde. Seit man seine Stasi-Unterlagen einsehen kann, haben mehr als 1,6 Millionen Bundesbürger von diesem Recht Gebrauch gemacht und ihre Akten studiert. Auch zwanzig Jahre nach dem Mauerfall ist das Interesse an der Aufklärung der Stasi-Machenschaften ungebrochen. Zwar wird vor allem von Seiten der Linken und teilweise leider auch von manchen Sozialdemokraten und Konservativen behauptet, der Stasi-Komplex sei heute politisch nicht mehr relevant, das Thema könne außerdem niemand mehr hören. Doch hinter dieser These stecken gegenwärtige politische Interessen – je intensiver sich SPD und Linke beispielsweise mit der kommunistischen Zwangsvereinigung von KPD und SPD zur SED oder mit der Verfolgung von Sozialdemokraten in der DDR befassen würden, desto merkwürdiger müsste ihnen heute ihre Koalition in Berlin vorkommen.

Während der Blick zurück also oft genug weniger auf die historischen Fakten als vielmehr auf opportune Interessen der Gegenwart gerichtet ist, lässt sich über die Bereitschaft in Deutschland, die Zukunft ins Visier zu nehmen, leider auch kaum Ermunterndes vermelden. Natürlich ist das auch viel schwieriger, denn schon Mark Twain warnte: »Voraussagen sollte man unbedingt vermeiden, besonders solche über die Zukunft!« Trotz aller demoskopischen Instrumente haben beispielsweise die Wahlforscher in Deutschland so gut wie keine Bundestagswahl der vergangenen zwanzig Jahre korrekt prognostiziert. Anfang der Neunziger glaubte man an einen Siegeszug der SPD, stattdessen folgten weitere acht Jahre Helmut Kohl. Statt der sicher geglaubten Großen Koalition reichte es 1998 wider Erwarten für Rot-Grün, und 2005 kam es keineswegs zum triumphalen Sieg von Union und FDP – sondern zu einer Koalition von CDU/CSU und Sozialdemokraten. 2009 lagen die Meinungsforscher zwar weitgehend richtig: Das Land wird, wie vorhergesehen, von Union und FDP regiert. Dass diese Regierung aber einen so kolossalen Fehlstart hinlegen würde und sich vor allem die CSU mit den Liberalen fast täglich in der Wolle liegt, hätte man kaum für möglich gehalten. Ob diese Regierung bis zum Ende durchhält, ihr gar eine zweite Amtszeit beschert werden könnte, kann man jedenfalls bezweifeln. Aber auch diese Aussage wird aus dem Moment heraus getroffen. Die erste Regierung Kohl hatte 1982/83 ebenfalls einen schwierigen Start. Dann regierte der Pfälzer sechzehn Jahre.

Wenn sich dieses Kapitel nun also mit Einsichten und Aussichten – also auch mit Zukunftsprognosen – beschäftigt, dann natürlich mit der Einschränkung, dass nichts felsenfest geschrieben steht. Es gibt keine Kristallkugel. Geschichte, das wusste schon Friedrich Engels, entsteht »stets aus den Konflikten vieler Einzelwillen«, wovon »jeder wieder durch eine Fülle besonderer Lebensbedingungen zu dem gemacht wird, was er ist. Es sind also unzählige, einander durchkreuzende Kräfte. Eine unendliche Gruppe von Kräfteparallelogrammen, daraus eine Resultante, das geschichtliche Ergebnis hervorgeht. Die selbst wieder als das Produkt einer als Ganzes bewusstlosen und willenlosen Macht angesehen werden kann. Denn was jeder Einzelne will, wird von jedem anderen verhindert, und was herauskommt, ist etwas, was keiner gewollt hat.« Etwas weniger intellektuell ausgedrückt: Erstens kommt es anders und zweitens als man denkt.

Als Bürger lebt man natürlich vor allem in der Gegenwart. Diese hat den Vorteil, dass sie einem vertraut ist. Über der Gegenwart liegt die vermeintliche Gewissheit, dass es schon irgendwie weitergehen wird. Man glaubt zu kennen, was einen umgibt.

Gesellschaftliche Umbrüche und politische Veränderungen markieren selten einen einzigen Tag – wie etwa den Mauerfall oder den Terrorangriff auf das World Trade Center. Um zu begreifen, wie stark sich die Republik in den nächsten Jahrzehnten verändern wird und wie überraschend manche dieser Entwicklungen sein könnten, hilft tatsächlich zunächst einmal ein Blick zurück. Springen wir also in Zwanzigjahresabständen durchs vergangene Jahrhundert.

Im Januar 1901 residiert der deutsche Kaiser Wilhelm II. im Berliner Stadtschloss. Gerade ist seine Großmutter gestorben – die britische Queen Victoria. Mit ihr endet die Herrschaft des Hauses Hannover in Großbritannien. In Europa herrscht Frieden. Deutschland besitzt Kolonien in Afrika und Übersee. Die westlichen Großmächte schicken eine vereinte Streitmacht nach China, um dort den Boxeraufstand niederzuschlagen. August Bebel, der Führer der deutschen Sozialdemokratie, hält im Reichstag Brandreden gegen das Flottenprogramm des Kaisers. Deutschland reicht von der Maas bis an die Memel.

Zwanzig Jahre später lebt der deutsche Kaiser im holländischen Exil, August Bebel ist tot, die deutsche Sozialdemokratie gespalten – und Europa hat einen Krieg hinter sich, der fast neun Millionen Menschenleben gekostet hat, riesige Reiche sind zerbrochen. In Moskau regieren die Sowjets, die Zarenfamilie wurde ermordet. Doch ob sich die Kommunisten an der Macht halten können, ist völlig ungewiss. Die Habsburger Monarchie, die neben Österreich auch den Balkan und Ungarn beherrschte, gibt es nicht mehr, auch das ottomanische Reich, das den Nahen Osten und große Teile der arabischen Welt dominierte, ist Geschichte. An der Spitze der blutjungen deutschen Republik steht als Präsident ein Sozialdemokrat namens Friedrich Ebert, die Demokratie leidet unter einem exorbitanten Mangel an Demokraten und dem von den Siegermächten diktierten Versailler Vertrag. Im Kreml herrscht ein Kommunist namens Lenin, der einige Jahre zuvor mit kaiserlicher deutscher Hilfe in einem verplombten Waggon der Reichsbahn von der Schweiz in seine russische Heimat verfrachtet wurde.

Der militärische Erfolg der deutschen Wehrmacht scheint 1940 kaum zu stoppen: Das Imperium eines gewissen Adolf Hitler, den zwanzig Jahre zuvor nur ein paar Kameraden in München kannten, reicht von Frankreich bis Dänemark. Weitere Feldzüge gegen Griechenland, Jugoslawien und Russland werden gerade vorbereitet. Die Drohung vom »tausendjährigen Reich« schwebt wie ein dunkler Albdruck über dem alten Kontinent. In Europa steht nur noch Großbritannien gegen die Nazis, die Luftschlacht um England ist in vollem Gange, ihr Ausgang mehr als fraglich.

1941 steht Europa in Flammen. Polen ist wieder geteilt und leidet in seinen westlichen Gebieten unter mörderischer deutscher

Okkupation. Den Osten des Landes haben sich die Russen einverleibt, die Elite des Landes wurde auf Stalins direkten Befehl in den Wäldern bei Katyn gerade massenhaft umgebracht. Die fabrikmäßige Ermordung der europäischen Juden hat begonnen. Noch kennt kaum jemand die Ortsnamen dieser beispiellosen Verbrechen: Dachau, Auschwitz, Majdanek, Sobibor, Bergen-Belsen … Später werden sie Synonyme für das Böse sein.

Zwei Jahrzehnte später, 1960, ist die Welt nicht wiederzuerkennen. Deutschland ist in zwei Staaten geteilt, in Ost und West spekuliert man über den Bau einer Mauer mitten durch Berlin – was für eine verrückte Idee. Die ehemaligen Weltkriegsverbündeten Sowjetunion und USA belauern sich mit neuartigen Waffen mit ungeahnter Zerstörungskraft, die Arsenale reichen bald aus, den ganzen Globus in die Luft zu jagen. Der letzte Weltkrieg hat schätzungsweise 55 Millionen Menschen das Leben gekostet, das europäische Judentum ist nahezu ausgelöscht, von Italien bis Polen, von Frankreich bis zum Balkan wurden Juden millionenfach deportiert und ermordet. Im Nahen Osten ringt ein kleines, gerade mal elf Jahre altes Land namens Israel, von feindlich gesinnten arabischen Staaten umgeben, um seine Existenz. Die Agenten seines Geheimdienstes haben sich auf die Fersen eines der Architekten des Holocaust geheftet: Adolf Eichmann. Und auf Kuba verhandelt die neue Regierung unter Fidel Castro mit den Russen über die Stationierung von Atomraketen.

1980 scheint sich auf den ersten Blick gar nicht so viel verändert zu haben. Der Ost-West-Konflikt ist nicht gelöst, die USA und Sowjetunion rangeln weiter um Einflusssphären in der Welt und rasseln immer wieder mit Säbeln. Die US-Army hat vor wenigen Jahren trotz ihrer militärischen Überlegenheit einen siebenjährigen Stellvertreterkrieg gegen ein kleines Land namens Nordvietnam verloren. Der Sowjetblock macht einen ziemlich soliden Eindruck. Auch die deutsche Teilung scheint zementiert. Die Präsidenten und Kanzler wechseln, die Probleme bleiben scheinbar die gleichen: Auf Jimmy Carter folgt bald ein ehemaliger Hollywood-Schauspieler namens Ronald Reagan, in Moskau regiert noch immer Leonid Breschnew. Dass 1979 kein Italiener, sondern ein Pole zum Papst ernannt worden ist, lässt die Welt zwar überall aufhorchen, als Vorbote eines Zusammenbruchs des Sowjetimperiums würde das aber niemand interpretieren, auch wenn in Polen über die letzten Jahre eine Gewerkschaftsbewegung namens Solidarnosc entstanden ist, die sich im Lande immer breiter macht.

In Deutschland schlägt sich der Bundeskanzler Helmut Schmidt mit dem immer stärker werdenden linken Flügel seiner Partei und dem Koalitionspartner FDP herum. Vor allem der Nato-Nachrüstungsbeschluss ist im Lande umstritten. In Bremen sitzt zum ersten Mal eine neue Partei im Landesparlament. Sie nennen sich »Die Grünen«, vermeiden Krawatten und Anzüge, diskutieren stundenlang auf öffentlichen Sitzungen, kämpfen für den Umweltschutz, die Gleichberechtigung von Mann und Frau und den Frieden in aller Welt. SPD, FDP und Union treten diesen neuen, mitunter in lila Latzhosen erscheinenden Kollegen mit Skepsis gegenüber. Die etablierten Parteien sind aber ziemlich sicher, dass dieser »grüne Spuk« schnell wieder vorübergehen wird.

Zwanzig Jahre später, im Oktober 2001, beschließt dieselbe Partei, deutsche Soldaten an den Hindukusch zu schicken. Es ist nicht der erste Marschbefehl, den die Grünen unterschreiben. Zwei Jahre zuvor hat die Bundeswehr mit ihrer Billigung an einem Nato-Einsatz gegen Serbien teilgenommen – ein Krieg, mitten in Europa, nach dem Bosnien-Konflikt bereits der zweite binnen weniger Jahre. Aber das ist nur ein unbedeutendes Detail, wenn man an die anderen Umwälzungen in der deutschen und globalen Politik denkt. Das Sowjetimperium ist zusammengebrochen, Länder wie Polen und Ungarn üben sich nach Jahrzehnten russischer Bevormundung in westlicher Demokratie.

Deutschland ist wiedervereinigt und wird von einem Kanzler regiert, der diese Wiedervereinigung noch im Sommer 1989 für eine spinnerte Idee gehalten hat. Das Baltikum ist frei und unabhängig, die Europäische Union, die als Benelux-Staatenbund mit Frankreich und Deutschland begann, zählt Dutzende Mitglieder und Kandidaten. Die D-Mark hat als Währung ausgedient, der Kontinent hat eine gemeinsame Währung namens Euro.

Das alles erscheint uns heute völlig normal. Die Freiheitsrevolution 1989 und ihr glücklicher Ausgang waren vielleicht der Höhepunkt des Fortschrittsglaubens und ein Siegeszug für die Demokratie. Die deutsche Einheit war vor zwanzig Jahren möglich, weil sie in den europäischen Einigungsprozess integriert wurde. Aber die Europäische Union ist kein politischer Selbstläufer. Man muss kein Pessimist sein wie der amerikanische Politologe George Friedman, Chef des renommierten Stratfor-Instituts in Atlanta, um zu erkennen, dass Europa in einer tiefen Krise steckt und uns erhebliche Konflikte bevorstehen.

Das fängt beim Euro an und hört bei der Frage auf, wo der Kontinent eigentlich politisch endet. Die wirtschaftskulturellen Bruchstellen der Euro-Zone sind mit dem Staatsbankrott Griechenlands und vergleichbaren, dräuenden Problemen in Portugal, Spanien und Italien mehr als deutlich geworden. Was ist die Europäische Union eigentlich? Eine Haftungsgemeinschaft, ein christlich-abendländischer Werteclub oder nur eine Wirtschaftszone? Als Helmut Kohl und François Mitterrand den Euro erfanden, hatten sie vor allem ein politisches Ziel im Sinn. Die EU-Länder brauchten eine Klammer, die die Union zusammenhält. Eine Sprache kam nicht in Frage, für eine Zentralregierung in Brüssel war es viel zu früh, also entschied man sich fürs Geld. Wirtschaftspolitische Sicherheiten standen bei der Geburt des Euro leider nicht Pate. Das hat sich spätestens im Frühjahr 2010 bitter gerächt.

Zur europäischen Einigung gibt es dennoch keine Alternative. Die unterschiedlichen, sich manchmal widersprechenden Interessen der Mitgliedsländer der EU haben wir dennoch unterschätzt. Viele Zukunftsfragen sind offen, die EU steckt in der schwersten Krise seit ihrer Gründung – und neue Konflikte sind am Horizont bereits sichtbar.

Die Frage, wie weit das demokratische Europa eigentlich reichen kann, ist nicht geklärt. Sie tangiert direkt die geostrategischen Interessen Moskaus. Russland hat sich nach dem Zusammenbruch des Sowjetimperiums zu einer Art »Demokratur« entwickelt. Die brachiale Art, wie der Kreml inzwischen wieder auf Kritik und Opposition reagiert, die Tatsache, dass die Mörder der Journalistin Anna Politkowskaja bis heute frei herumlaufen und Presse und Fernsehen sich eher als Putins Phonverstärker begreifen als eine unabhängige, kritische Kontrollinstanz, lassen leider keine andere Umschreibung zu. Eine streitbare Debattenkultur, wie sie in den meisten Ländern Europas heute völlig normal ist, gibt es in Russland so gut wie nicht. Natürlich gibt es Wahlen in Russland. Es gibt sogar unterschiedliche Kandidaten. Aber die Sieger scheinen vorher festzustehen. Das Bäumchen-wechsel-dich-Spiel zwischen Medwedew und seinem Amtsvorgänger Putin zeigt dies ganz offensichtlich.

Nun könnte man sagen: Was geht uns das an? Wenn die Russen sich aus ihren autoritären Staatsstrukturen nicht befreien können, soll das die Sorge der Russen sein. Doch es ist leider auch unser Problem, genauso wie die griechische Staatspleite nicht nur das Problem der Griechen ist. Innenpolitik in Europa hat inzwischen auch immer außenpolitische Auswirkungen – und umgekehrt. Diese Verzahnung wird noch zunehmen.

Moskau betrachtet seine Nachbarn noch immer als Pufferzone – nicht als Staaten, die über ihr Schicksal ausschließlich selbst bestimmen sollen. Das betrifft nicht nur ferne Länder wie Georgien, das erst im Jahr 2009 Schauplatz eines blutigen Konflikts mit Russland wurde. Es geht uns Europäer ganz direkt an. Das Baltikum zum Beispiel gehört zur EU – dort brodeln bereits Konflikte mit der russischen Minderheit. In Moskau beklagt man noch heute, dass Gorbatschow Estland, Lettland und Litauen Anfang der Neunziger an den Westen verschenkt habe, als er die drei Länder in die Unabhängigkeit entließ. Viele Russen empfinden die Tatsache, dass ein Nato-Staat mit seinen Truppen knapp hundert Meilen von St. Petersburg entfernt liegt, als unerträglich. Der Frieden in dieser Region ist deshalb keineswegs sicher. Und eine solidarische Reaktion der EU auf eine baltisch-russische Krise, mit der Geostrategen wie George Friedman rechnen wie mit dem Amen in der Kirche, ebenso wenig. Seien wir also einen Moment lang furchtbar pessimistisch und prophezeien wie Friedman den politischen Versuch Moskaus, sich das Baltikum entweder wieder ganz einzuverleiben oder die Regierungen dort dazu zu drängen, ihre Nato-Mitgliedschaften aufzugeben. Dazu braucht es nicht einmal unbedingt einen bewaffneten Angriff. Blutige Auseinandersetzungen zwischen russischer Minderheit und baltischen Mehrheiten in diesen Ländern würden vielleicht schon ausreichen, um die Region in eine Krise zu stürzen.

Ein Szenario: Die russische Minderheit ruft Moskau um Hilfe. Die Armee steht an den Grenzen. Wenn es wirklich zum Konflikt kommt, würde der Nato-Bündnisfall eintreten. Auch Deutschland wäre dann im Krieg mit Russland. Und auf einmal schlägt Moskau vor: Tretet doch aus der Nato aus. Dann gibt es keinen Ärger, die Lage wird sich bestimmt beruhigen. Der Kalte Krieg, den wir 1990 zu Grabe getragen haben, ist gar nicht tot, er döst bloß ein bisschen.

Was würde passieren? Und vor allem: Wie würde der Rest Europas reagieren? Dieser imaginäre Konflikt würde der Europäischen Union politisch womöglich den Rest geben. Länder wie Polen, Ungarn, Tschechien und die Slowakei würden sich mit aller Macht und aus eigenem Interesse gegen den Versuch Moskaus stemmen, die russische Hemisphäre wieder auszuweiten. Die Regierung in Warschau würde wegen der Größe Polens an der Spitze dieser antirussischen Allianz stehen, die jüngste Annäherung beider Länder nach dem tragischen Flugzeugabsturz in Smolensk, bei dem der polnische Präsident Kaczynski, seine Frau sowie die halbe konservative polnische Elite ums Leben kamen, wäre sicher schnell vergessen. Die alten Konflikte lägen alle wieder auf dem Tisch – und die alten Marschbefehle auch. Und natürlich wären auch die USA involviert, die der polnischen Allianz, wie Friedman dieses Bündnis in einer Zukunftsprojektion genannt hat, tatkräftig zur Seite stehen würden.

Aber Deutschland? Und Frankreich? Die Begeisterung über eine Neuauflage des Kalten Krieges, der sogar ganz schnell sehr heiß werden könnte, wäre in West- und Mitteleuropa sicher nicht sehr groß. Schon gar nicht in Ländern, die auf russisches Gas angewiesen sind »wie Fixer auf ihren Heroindealer« (Friedman). Die Reden im Bundestag, in denen emphatisch über russische Interessen nachgedacht und ein Moratorium der Nato-Mitgliedschaften der baltischen Staaten ins Spiel gebracht wird, kann man sich heute schon vorstellen. Gemein? Die Zahl jener Außenpolitiker, die Deutschland eher als Mittler zwischen den großen Mächten denn als Teil einer westlichen Phalanx oder einer vom amerikanischen Politik-Vordenker Robert Kagan in die Debatte geworfenen »League of Democracies« definieren wollen, hat in den vergangenen Jahren nicht ab-, sondern zugenommen. Übrigens nicht nur in der Linken und der SPD – Stimmen, die künftig lieber auf Äquidistanz gegenüber Washington und Moskau setzen wollen, findet man inzwischen in jeder deutschen Partei.

Wie die Bundesrepublik sich im Falle eines neuen Kalten Krieges verhalten würde, ist unmöglich vorherzusagen. Wahrscheinlich ist aber, dass die ganze Europäische Union in einer entscheidenden geostrategischen Frage gespalten wäre. Kissingers ebenso wahre wie abfällige Bemerkung, dass Europa eben nicht nur eine Telefonnummer habe, wäre einmal mehr unter Beweis gestellt.

Diese Disutopie wird hoffentlich niemals eintreten, sie könnte es aber. In Staaten wie der Ukraine, Kirgisien, Georgien oder Weißrussland sind solche bitteren Prognosen kein düsteres Zukunftsgeklingel, sondern in ähnlicher Form teilweise schon heute Realität. Die Ukraine ist trotz ihrer »orangenen Revolution« inzwischen wieder näher an Russland gerückt, die Konflikte im Land schwelen weiter. Die Revolte gegen die korrupte Machtelite in Kirgisien im April 2010 wurde von vielen westlichen Medien zwar als Volksaufstand gedeutet – wenn aber eine Regierung innerhalb von 24 Stunden ausgewechselt wird, deutet das eher auf eine länger vorbereitete Volte hin als auf spontane Rebellion. Die neuen Machthaber haben sofort ihre Loyalität gegenüber Moskau erklärt. Am Ende kann man im Kreml mit den jüngsten Entwicklungen in Kiew und in Bischkek also ganz zufrieden sein, nachdem man schon den Georgiern im Sommer 2009 mit Panzern und Granaten klargemacht hat, wer Herr in der Region ist. Von einem Nato-Beitritt dieses Landes redet jedenfalls heute kein Mensch mehr.

Natürlich sind Zukunftsentwürfe wie der eben skizzierte neue Kalte Krieg sehr angreifbar. Auch ich will mich von dem Gedanken nicht verabschieden, dass es neben mächtigen geostrategischen Interessen und historisch gewachsenen Konflikten in der Politik noch eine andere Macht gibt: nämlich die Vernunft. Auf der anderen Seite konnten wir uns auf diesen Faktor in den vergangenen 100 Jahren in der Welt nicht besonders verlassen – und in Europa schon gar nicht.

Kehren wir nach diesem unerfreulichen Sichtflug Richtung Nordost zurück nach Deutschland: Dass zwanzig Jahre nach dem Mauerfall und sechzig Jahre nach Gründung der Republik eine geschiedene ostdeutsche Protestantin, die ihre Jugend in der FDJ verbracht hatte, nicht nur Bundeskanzlerin, sondern auch noch Vorsitzende der Christlich Demokratischen Union sein würde, ist eine politische Sensation. Für die Zukunft lässt dieser Vorgang auf interessante Entwicklungen schließen. Angela Merkel ist in gewisser Weise die weibliche Gegenthese zum katholischen Patriarchen Konrad Adenauer, der die Republik und die Union in ihren Anfängen entscheidend geprägt hat. Rechnet man diese politische Personalie hoch, kann man sich im Ergebnis für die nächsten zwanzig bis sechzig Jahre Bundesrepublik viel vorstellen: einen türkischstämmigen Bundeskanzler, eine bekennende lesbische CSU-Chefin, einen grünen Bundeswehrgeneral. Völlig undenkbar? Das hätte Adenauer wohl auch gesagt, wenn er in den fünfziger Jahren in einer Kristallkugel das Antlitz von Angela Merkel erblickt hätte. Und was kommt jetzt?

Fangen wir in der Politik an. Das Zeitalter der großen Volksparteien geht zu Ende. In den ersten dreißig Jahren wurde das Land von der Union oder der SPD dominiert, die FDP gab bei Bedarf den Mehrheitsmacher, die Große Koalition von 1966 bis 1969 trug ihren Namen noch zu Recht. Die 1980 gegründeten Grünen, die man zu Beginn noch für eine vorübergehende Zeitgeist-Erscheinung hielt, sind heute aus der Parteienlandschaft nicht mehr wegzudenken. Aus dem rot-grünen Lager sind sie inzwischen ausgebrochen, im Saarland und in Hamburg koalieren sie mit der CDU – und das werden nicht die letzten schwarz-grünen Bündnisse sein. Auch die Linke hat sich fest etabliert, wenn sie im Westen und im Bund auch noch weit von der Regierungsfähigkeit entfernt ist. Die FDP hat sich im Bundestagswahlkampf 2009 auf 14,6 Prozent aufgepumpt. Selbst wenn sie dieses mit – unhaltbaren – Steuersenkungsversprechen erkaufte Ergebnis kaum halten wird, steht fest: In der politischen Arena der Republik werden sich auf Dauer eher mehr als weniger Parteien tummeln. Der Niedergang der Volksparteien, die die Republik jahrzehntelang geprägt haben, ist mit dem Fall der Mauer beschleunigt worden und kommt nun an sein Ende. Wer vor zehn Jahren behauptet hätte, dass sich beispielsweise der CSU-Vorsitzende über eine Meinungsumfrage in Bayern freuen würde, bei der seine Partei mit 41 Prozent abschneidet, wäre wohl für verrückt erklärt worden. Die Vorstellung, dass die SPD in zwanzig Jahren neun Parteivorsitzende verbraucht und einer aus dieser Galerie zum Chef einer Linkspartei aufsteigt, wäre ebenfalls ins Reich konservativster Fantasie verbannt worden. Von den miserablen Wahlergebnissen der SPD ganz zu schweigen.

Einen Ausblick auf diese schöne neue Welt liefert der kommende Wahlkampf im Land Berlin. Dort werden 2011 möglicherweise fünf Bürgermeisterkandidaten antreten. Und jeder rechnet sich Chancen aus, den Job im Roten Rathaus vis-à-vis vom Alexanderplatz auch tatsächlich zu bekommen. Fünf Parteien – die CDU, SPD, FDP, die Grünen und die Linken – werden zwischen fünfzehn und 23 Prozent gehandelt. In Berlin, das politisch bis Anfang der achtziger Jahre von der SPD beherrscht und seitdem in wechselnden Koalitionen (schwarz-gelb, rot-grün, schwarz-rot, rot-rot) regiert wurde, wird man beim nächsten Mal an einer Dreier-Kombination kaum vorbeikommen, wie auch – wenngleich sehr knapp – die Wahl in NRW am 9. Mai 2010 gezeigt hat. Dreier-Kombinationen oder Bündnisse zwischen einer geschrumpften Volkspartei und einem erstarkten Juniorpartner funktionieren anders als jene Regierungen, die ein Brandt oder Adenauer anführten. Selbst die schwarz-gelbe Koalition in Berlin besitzt heute eine völlig andere Innenarchitektur als die CDU/CSU/FDP-Koalition von Kohl in den achtziger und neunziger Jahren.

Damals, auch in der sozialliberalen Ära und bei Rot-Grün, war klar, wer Koch und wer Kellner war. Die Richtlinienkompetenz lag im Kanzleramt. Punkt. In einer Koalition wie der heutigen Bundesregierung ist das zwar immer noch so, doch heute müssen Ministerpräsidenten und Kanzler neben der Fähigkeit, politische

Vorgaben zu liefern, vor allem eines mitbringen: die Fähigkeit zur Mediation. Manchmal sind sie auf Grund der unterschiedlichen, zum Teil sich widersprechenden Partikularinteressen eher Moderatoren als Regierungschefs. Die Zeit der großen Zampanos, der Basta-Politiker, geht zu Ende, es ist deshalb inzwischen schon fast lächerlich, wenn Kommentatoren in ihren Leitartikeln von der Kanzlerin ein »Machtwort« fordern. So funktioniert Politik längst nicht mehr. Einen Interessenausgleich in einer solchen Koalition erreicht man nicht mit Basta-Sprüchen oder Machtworten, sondern nur mit Engelsgeduld und politischem und psychologischem Geschick. Je mehr Partner in einer Koalition stecken, desto öfter und intensiver wird notgedrungen hinter den Kulissen verhandelt werden müssen. Wenn das nicht geschieht, dringen Divergenzen ständig nach außen, bei der neuen Koalition war deshalb sogleich von »Fehlstart« die Rede.

Klare öffentliche Ansagen, wie man sie von Adenauer, Brandt, Schmidt, Kohl oder Schröder gewohnt war, werden deshalb seltener werden. Was uns als originelles Regierungsprogramm verkauft wird, ist immer der Kompromiss, nicht die eigentliche Idee. Merkel hat mit Horst Seehofer und Guido Westerwelle zwei Partner, deren Agenden kaum unter einen Hut zu bringen sind. Der eine muss als Ministerpräsident und Parteichef eines Flächenlandes um den Erhalt der CSU als Volkspartei kämpfen. Den Verlust der absoluten Mehrheit hat die CSU noch längst nicht hingenommen, im politischen Anspruch sind die fünfzig Prozent noch immer präsent. Wie schwer es ist, diese Marke heutzutage zu erreichen, hat der CSU-Frontkämpfer Markus Söder einmal sehr plastisch illustriert: »Stellen Sie sich mal auf den Marienplatz in München oder sonst eine Fußgängerzone in Bayern. Dann sehen Sie sich um. Und dann machen Sie sich bewusst, dass jeder zweite Bürger, der an Ihnen vorbeiläuft, Ihre Partei wählen soll.«

Also versetzen wir uns in die Lage eines Politik-Beraters der CSU. Der Mann soll die Lage peilen und die Wählerschaft der letzten konservativen Volkspartei Europas sortieren. Kein Witz: Außer der CSU fährt nur noch die konservative Partei Maltas Ergebnisse über vierzig Prozent ein.

Morgens um halb elf auf dem Marienplatz in München: Die Jugendlichen, die gerade die Schule schwänzen und in den Apple-Store strömen, um den neuen iPod auszuprobieren, dürfen zwar noch nicht wählen. Aber im Blick haben muss ein Politstratege, der noch an Volksparteien glaubt, diese Kids natürlich schon. Dabei wäre es mit einem aufmunternden Lächeln, Schulterklopfen und flotten Sprüchen – »toller App, die CSU hat übrigens auch 'ne geile Webpage« – sicher nicht getan, denn im Apple-Store versammelt sich Tag für Tag das Zielpublikum von Grünen, FDP und natürlich der Piratenpartei. Stoibers Wahlslogan von »Laptop und Lederhose« war immerhin der Versuch, diese neuen gesellschaftlichen Segmente an bayerische Traditionen zu binden und ihnen die Fliehkräfte zu nehmen. Slogans alleine reichen aber nicht. Der bayerische Ministerpräsident und CSU-Chef Horst Seehofer hat im vergangenen Herbst deshalb die junge Bundestagsabgeordnete Dorothea Bär zur Internet-Beauftragten der CSU ernannt. Im Parteijargon heißt sie nun »Piraten-Doro«, sie soll Tuchfühlung mit Bloggern und Computer-Nerds aufnehmen und sich überlegen, wie man diese Leute an die Christlich-Soziale Union binden kann. Mission impossible? Immerhin gibt es ein Problembewusstsein.

Lassen wir den Blick weiter über den Platz schweifen. Männer und Frauen im Business-Look hasten in den Untergrund, um die S-Bahn Richtung Flughafen nicht zu verpassen. Diese Leute sind für unseren Strategen erreichbar, auch wenn sie gerade keine Zeit haben. Der Kerl mit Zwirbelbart und Lederhose gehört ebenfalls zum Stammpublikum, die Kellnerin, die gerade mit der U-Bahn aus der Vorstadt gekommen ist, um ihren Dienst im Augustiner anzutreten, sicher auch. Rechts biegt eine junge Frau mit Kinderwagen ums Rathaus, das Kleinkind hät ein Fläschen Gemüsebrei in den Händen. Sieht gut aus. Aber dann erkennt unser Volkspartei-Scout aus sicherer Distanz, dass die junge, adrett gekleidete Dame lauter Biokost im Jutebeutel trägt. Das wird schon schwieriger, Grünen-Alarm! Jetzt will sie mit dem Kinderwagen auch noch die Rolltreppe runter, das ist wegen einer EU-Richtlinie inzwischen verboten. Also schnell mitanpacken und auf Brüssel schimpfen, das wirkt immer. Eine sichere Stimme für die CSU ist die Frau aber nicht.

Wieder rauf auf den Marienplatz. An uns ist gerade eine türkische Familie vorbeigelaufen: Die Frau trägt Kopftuch, der Mann steuert zielstrebig auf seinen Obst- und Gemüseladen hinter dem Viktualienmarkt zu, seine Söhne helfen ihm beim Kistenschleppen, die Töchter erledigen mit der Mutter noch ein paar Einkäufe. Ganz komplizierter Fall. Wer weiß, was in dieser Familie los ist. Sprechen die überhaupt Deutsch? Muslimische Wähler für eine katholisch grundierte Partei, die fünfzig Jahre gebraucht hat, bis sie einen Protestanten zum Ministerpräsidenten gemacht hat? Unser Stratege sitzt die türkische Familie lieber aus. In Niedersachsen hat die Schwesterpartei der CSU gerade eine Deutsch-Türkin zur Sozialministerin gemacht und eine Ostdeutsche ins Bildungsressort gesetzt. Aber noch bevor die Dame ins Amt kommt, gibt es Ärger in der Partei: Aygül Özkan wollte tatsächlich die Kruzifixe in den Schulen abhängen. Das geht gar nicht und in Bayern sowieso nicht. Für solche Personalexperimente ist es hier einfach noch viel zu früh. Andererseits, das weiß auch unser Scout, kann die CSU die stetig wachsende Gruppe türkischstämmiger Wähler in Deutschland nicht einfach der Konkurrenz überlassen. Sonst bleiben die fünfzig Prozent der Stimmen nur eine vage Erinnerung an jene Zeiten, als das Publikum auf dem Marienplatz noch homogener war.

Unser Scout steigt ins Taxi, er hat noch einen Termin in der Parteizentrale. Vielleicht landet er ja beim Chauffeur mit seinem christlich-sozialen Volksparteiprogramm? Der Mann käme in

Frage: Er ist Mitte vierzig, auf dem Beifahrersitz liegt der ›Münchner Merkur‹. »Ich muss zur CSU. Kennen Sie den Weg?« »Do muss ich in Nowwi guggn!«, antwortet der Taxifahrer in breitem Sächsisch. Unser Scout hat es heute wirklich nicht leicht.

Die babylonische Wirklichkeit des Münchner Marienplatzes muss Volksparteichef Horst Seehofer berücksichtigen, wenn er mit Angela Merkel und Guido Westerwelle in Berlin am Regierungsprogramm schnitzt. Dieser demokratische Zwang zur politischen Balance hat nicht nur positive Folgen. Früher haben die großen Parteien Themen gesetzt – und politische Beschlüsse zum Teil gegen erheblichen Widerstand durchgesetzt. Willy Brandts Ostpolitik wurde mit knapper Mehrheit im Bundestag beschlossen und hätte ihn fast die Kanzlerschaft gekostet. Er hat die Anerkennung der Oder-Neiße-Grenze ebenso durchgesetzt wie ein Dutzend Jahre später erst Helmut Schmidt und dann Helmut Kohl den Nato-Doppelbeschluss und die neue Stationierung amerikanischer Raketen in der Bundesrepublik. Beide Entscheidungen waren wichtige – und richtige – Wegmarken der Republik. Hätten Brandt oder Schmidt und Kohl Stimmungen und Demonstrationen nachgegeben, wäre unsere jüngere Geschichte nicht so glücklich verlaufen.

Heutzutage setzen die Parteien und ihre Protagonisten keine Themen mehr, sie laufen ihnen oft genug hinterher und blicken angsterfüllt auf Umfragen. Der Afghanistan-Einsatz, der in der Realität von Anbeginn auch ein Kriegseinsatz war, wurde vom deutschen Parlament 2001 zwar erstmals beschlossen. Das Thema wurde aber weiträumig umfahren. Es dauerte beispielsweise Jahre, bis Angela Merkel zu ihrem ersten Truppenbesuch am Hindukusch aufbrach, denn der Bundeswehreinsatz in Afghanistan, der zunehmend auch tote deutsche Soldaten fordert, gilt in der Politik als »toxisches Thema«, als unpopulär und kompliziert.

Die Passivität der Politik bei diesem Thema hat letztlich auch dazu geführt, dass eine überwältigende Mehrheit der Deutschen den – meiner festen Überzeugung nach aus sicherheitspolitischen Gründen notwendigen – Einsatz ablehnt und die Linke ihn politisch instrumentalisiert. Es ist ein gutes Beispiel dafür, was passieren kann, wenn Politiker ihre eigene Politik nicht selbstbewusst und offensiv vertreten. Das wird vom Wähler sofort bestraft.

Wenn aber die Berliner Republik immer mehr auf »Politik-Management« setzt und Regierungschefs zu Mediatoren werden – wer wird dann die Themen setzen?

Zum einen Populisten. Oskar Lafontaine hat mit seiner schieren Präsenz im Bundestag den staatsgläubigen Zeitgeist der Republik nach links verschoben. Selbst in der CSU blickte man nervös nach Berlin, was der Saarländer als Nächstes aus dem Hut zaubern würde. Regiert hat übrigens Frau Merkel. Aber Lafontaine war mit seinen Attacken auf den Kapitalismus, die Bankwirtschaft und die Sozial- und Arbeitsgesetzgebung in Deutschland der eindeutige Stichwortgeber. Auf der anderen Seite versprach im Wahlkampf 2009 Guido Westerwelle den steuergeplagten Mittelständlern das Blaue vom Himmel. Diese haben das Märchen von sofortigen Steuersenkungen gerne geglaubt. Es wurde damals in den Kommentarspalten oft beklagt, der Bundestagswahlkampf 2009 habe kein eindeutiges Thema gehabt. Auf den ersten Blick stimmt das. Doch wenn man genauer hinhörte und hinsah, ging es immer nur um das eine: Geld. Westerwelle versprach mehr Netto vom Brutto. Lafontaine versprach das Gegenteil – höhere Steuern, um seine Klientel besser alimentieren zu können.

Die großen Parteien, die bereits im vergangenen Jahr wussten, dass man all das gar nicht finanzieren kann, und diese Wahrheit auch einräumten, fuhren die schlechtesten Ergebnisse ihrer Geschichte ein. Nur die Grünen schwebten jenseits des schnöden Mammons und schnitten auch gut ab. Diese Erfahrungen werden dazu führen, dass künftige Wahlkämpfe von den kleinen

Parteien noch lauter, von den großen noch vager geführt werden. Denn am Ende ist der Ehrliche ja der Dumme – und zwar, weil die Wähler es so wollen.

Viele Themen, an denen sich die Politik abarbeiten wird, werden vom Fernsehen gesetzt werden. Schon heute spielt dies in der politischen Willensbildung eine unglaublich wichtige Rolle. Kandidaten duellieren sich mit Wortgefechten vor laufender Kamera, und die Art, wie etwas gesagt wird, ist manchmal wichtiger als das, was eigentlich gesagt wird. Stoibers mühsames Ringen nach Worten im Live-Streit mit Gerhard Schröder hat ihn 2002 möglicherweise das Kanzleramt gekostet.

Die Auftritte von Politikern in Talkshows werden inzwischen auf fast allen wichtigen Onlinenews-Portalen wenige Stunden später rezensiert und liefern die Vorlage für den Schwatz zwischendurch im Büro. Über wichtige Bundestagsdebatten lässt sich leider nicht dasselbe sagen. So verlagert sich der demokratische Meinungsstreit immer stärker vom legitimen Ort – nämlich dem Parlament – in die digitalen Quasselbuden des neuen Deutschland. Das kann man bedauern, zu ändern ist es vermutlich nicht mehr.

Am Fernsehen kommt die Politik längst nicht mehr vorbei, dabei wird es aber nicht bleiben. Es ist nur eine Frage der Zeit, bis Fernsehen, kombiniert mit Internet, eigene politische Figuren hervorbringen wird. »Der neue Typus des Weltverbesserers lauert irgendwo zwischen Jauch und Kerner«, glaubt zum Beispiel der Göttinger Politologe Franz Walter, der im Herbst 2007 für ›Spiegel Online‹ untersuchte, wer den Grünen künftig Konkurrenz machen könnte. Sein überraschendes Ergebnis: nicht die Union, SPD oder die Linke – sondern das Fernsehen.

In Frankreich und Island, so hatte er beobachtet, regieren bestimmte Moderatoren mit Hilfe von Fernsehauftritten und Internetblogs längst in die Politik hinein. Manche, wie der französische Fernsehjournalist Nicolas Hulot, geben zeitweilig sogar die politische Agenda vor. Sein Renommee nutzte er, um als Eisbrecher für die Ökologie in der französischen Politik zu agieren. Den von Hulot entworfenen »Pacte écologique« hatten im Internet nahezu eine Million Franzosen unterzeichnet, darunter während des Wahlkampfes auch Nicolas Sarkozy, der als dann gewählter Präsident Ende Oktober in einem Entwurf für ein grünes Frankreich »viel von dem aufnahm, was Hulot zuvor auf die Agenda gesetzt hatte«, so Walter.

Eine ähnliche Aufmerksamkeit hatte in Island zuvor der Journalist Ómar Ragnarsson erreicht, der für den Erhalt der empfindlichen Ökosysteme der Insel warb und die Verhinderung des Kárahnjúkar-Staudamms betrieb. Parallel dazu hatte der außerordentlich beliebte Kinderbuchautor Andri Snær Magnason, ebenfalls mit Hilfe des Internets, ein auf das gleiche Ziel gerichtetes Memorandum unter dem Titel »Grau oder Grün« verbreitet, das – trotz des Vetos einiger mächtiger Parteizentralen – dennoch die Unterschriften etlicher Parlamentarier bekam. »Die politischen Kräfteverhältnisse Islands waren durch diese Aktionen ein Stück weit neu konfiguriert worden«, bilanziert Walter diesen neuen Politikansatz. Auch in Tschechien fand der Politologe Beispiele für seine These.

Dass der Mix aus Fernsehprominenz und Weblog-Kampagne Massen mobilisieren und gar einen Medientycoon zittern lassen kann, zeigte auch das Beispiel des italienischen Schauspielers und Komikers Giuseppe Grillo, der – oft als Michael Moore Genuas bezeichnet – im Gestus des modernen Bürgerrechtlers mit Hilfe eines enorm erfolgreichen Blogs Zehntausende gegen Silvio Berlusconi auf die Straße zu bringen vermochte. Es geht also nicht nur um Konkurrenz für die Grünen, die sich Sorgen um Öko-Charismatiker machen müssen, die ihre Fernseh- und Internetpräsenz für politische Kampagnen nutzen könnten. Diese Kombination könnte auf allen Themenfeldern wirken – vorausgesetzt, es steckt ein bekanntes Gesicht dahinter. Und es muss natürlich auch nicht immer um edle Ziele wie Ökologie gehen. Franz Schönhuber, der in den achtziger Jahren die rechtsradikalen Republikaner gründete und seine Kameraden in die Landtage von Baden-Württemberg und Berlin führte, war auch deshalb so erfolgreich, weil er vor seiner Entscheidung, in die Politik zu gehen, reichlich Erfahrungen als Fernsehmoderator des Bayrischen Rundfunks gemacht hatte.

Wir wollen das Fernsehen hier aber nicht dämonisieren. Es spielt in vielen Bereichen eine sehr konstruktive gesellschaftliche Rolle. Neben der Nachrichtenversorgung durch die öffentlich-rechtlichen Sender hat sich beispielsweise RTL zu einer regelrechten Anstalt für Lebenshilfe entwickelt. Das Fernsehen übernimmt mit Sendungen wie ›Vermisst‹, ›Raus aus den Schulden‹ oder ›Die Super Nanny‹ immer mehr klassische, karitative Aufgaben, die einst eher bei der Kirche oder bei sozialen Institutionen lagen: Familienzusammenführung, Erziehungshilfe, praktische Lebenstipps. Dieser Trend wird sich fortsetzen, zumal gerade die katholische Kirche ihre Bindekraft durch die Skandalwelle der letzten Zeit erheblich verloren hat. Die Leute werden weiter aus der Kirche austreten und den Fernseher einschalten.

In vielen gesellschaftlichen Bereichen wird sich die Bundesrepublik in den nächsten Jahrzehnten rasant verändern. Die Divergenz von Ost und West bleibt uns als Thema erhalten. Die Bevölkerung in Ostdeutschland wird durch Abwanderung und Geburtenrückgang weiter schrumpfen und im Vergleich zum Westen im Durchschnitt noch schneller altern, als das ohnehin der Fall sein wird. Allein in Sachsen, so haben Demografen ausgerechnet, wird man in zwanzig Jahren ein Bevölkerungsminus von fast 700 000 Menschen verzeichnen.

Insbesondere Bayern und Baden-Württemberg werden von der Binnenwanderung profitieren. In Mecklenburg-Vorpommern, Sachsen-Anhalt, Brandenburg und Sachsen werden wir schon heute mit einem Paradoxon konfrontiert: hohe Arbeitslosigkeit bei gleichzeitigem Facharbeitermangel. Denn während qualifizierte Arbeiter abwandern, bleiben weniger qualifizierte in Stralsund, Cottbus oder Chemnitz sitzen. Wer in diesen Städten Abitur macht, von dem sieht man nur noch eine Staubwolke Richtung Südwestdeutschland. Kann man das ändern? Nein. Man kann den Trend nur verlangsamen. Strukturschwache Regionen in Bayern, die heute ein Landärzteproblem haben, bieten Medizinstudenten zum Beispiel ein Unterstützungsprogramm während ihrer Studienzeit an. Für die finanzielle Hilfe im Studium muss sich der frisch gebackene Arzt dann verpflichten, nach seinem Examen dort zu arbeiten, wo ihn die Kreisverwaltung hinstellt. Ein fairer Deal, von dem beide Seiten etwas haben. Solche Modelle kann man sich auch für andere Branchen und natürlich auch im Osten Deutschlands vorstellen. Allerdings kosten sie – wieder einmal – Geld. In diesen Fällen wäre es aber gut angelegt.

Viel wichtiger als der Ost-West-Komplex aber wird das Thema der Integration. Die damit verbundenen Chancen und Probleme stellen meiner Ansicht nach die größten Herausforderungen der nächsten Jahrzehnte dar.

Der Bevölkerungsanteil von Einwandererfamilien wird erheblich steigen und damit auch die Zahl der Muslime in Deutschland. Entscheidende Fragen kommen auf uns zu: Zu wem gehören die Einwanderer in Deutschland? Wo liegen ihre politischen Loyalitäten? Wie provoziert man ihren Einstiegs- und Aufstiegswillen? Und nicht zuletzt: Wer gewinnt den Kampf um ihre Herzen? Welche Konsequenzen aus dieser Diskussion gezogen werden, entscheidet nicht nur über die nächsten zwanzig Jahre, sondern über die Zukunft dieser Republik.

Deutschland bildet inzwischen das wichtigste Einwanderungsland in Europa. Seit Jahrzehnten kommen mehr Zuwanderer ins Land, als Neugeburten zu verzeichnen sind. Der Anteil der ausländischen Bevölkerung beträgt heute fast sieben Millionen Menschen, also etwa neun Prozent der Gesamtbevölkerung. Er wird bis 2050 auf bis zu etwa neunzehn Millionen Menschen ansteigen, das sind dann fast 28 Prozent. Eine vom Bundesamt für Migration und Flüchtlinge im Frühjahr 2010 veröffentlichte Tiefenstudie zeigt, dass sich das Gros dieser Menschen deutlich besser an das Leben in Deutschland anpassen wird, als uns manche Schwarzmaler einreden wollen. So beherrschen die meisten Migranten die deutsche Sprache so gut, »dass sie das alltägliche Leben in Deutschland weitgehend problemlos bewältigen können«. Die Mehrheit dieser Menschen pflegt regelmäßige Kontakte zu Deutschen und empfindet eine engere Bindung an die Bundesrepublik als an ihr Herkunftsland. Mit Polen, Griechen, Italienern und – mit einigen Abstrichen – auch mit den Einwanderern aus dem früheren Jugoslawien »klappt das Zusammenleben in Deutschland in aller Regel reibungslos«, analysierte die ›Welt am Sonntag‹ im April 2010, die der Studie im Gegensatz zu allen anderen Zeitungen in Deutschland einen breiten Platz in der Berichterstattung einräumte. Etwas besorgt fragten die Autoren allerdings: »Was ist eigentlich mit den Türken los?«

Denn türkische Einwanderer, die mit Abstand größte Migrantengruppe, bringen eine besonders schlechte Schulbildung nach Deutschland mit. Während fast zwei Drittel der hier lebenden Polen eine mittlere oder hohe Schulbildung besitzen, bilden die Türken mit nur einem Viertel leider das Schlusslicht. Gleichzeitig sind vor allem die Türkinnen unter den Analphabeten mit etwa sieben Prozent stark überrepräsentiert.

Dieses Bildungsgefälle hat natürlich erhebliche Auswirkungen auf die Chancen am Arbeitsmarkt. In einer entwickelten Industrie- und Dienstleistungsgesellschaft wie der Bundesrepublik ist Fachqualifikation die entscheidende Chiffre. Mehr als fünfzehn Prozent der Türken, aber nur 7,6 Prozent der in der Bundesrepublik lebenden Griechen leben von Hartz IV. Vergleichsweise viele

Türken arbeiten nur als angelernte Arbeiter. Dagegen haben die meisten Polen und Griechen in Deutschland einen qualifizierten Berufsabschluss.

Die Studie lässt auch deutliche kulturelle Unterschiede erkennen. Bei den türkischen Einwanderern ist der Anteil an Hausfrauen am höchsten. Siebzig Prozent von ihnen haben keinen Beruf gelernt. Sie heiraten mit durchschnittlich 23 Jahren für deutsche Verhältnisse besonders früh (der Vergleichswert deutscher Frauen liegt bei 33) und bekommen durchschnittlich mindestens zwei Kinder – was angesichts der Geburtenrückgänge in Deutschland natürlich zu begrüßen ist. Allerdings, auch das macht die Studie deutlich, ist leider überhaupt nicht sichergestellt, dass diese Kinder in Deutschland einen erfolgversprechenden Weg vor sich und eine Aussicht auf Chancengleichheit haben. Und das ist, um es gleich vorwegzunehmen, nicht nur und auch nicht in erster Linie die Schuld der Mehrheitsgesellschaft.

Die Neigung, sich abzuschotten, ist in der türkischen Community besonders ausgeprägt. Während Italiener und Jugoslawen bevorzugt in Wohngegenden ziehen, in denen überwiegend Deutsche leben, bleiben Türken oft unter sich. Allerdings machen es deutsche Vermieter türkischen Aspiranten in dieser Hinsicht auch oft ziemlich schwer. Einer türkischstämmigen Freundin beispielsweise, die kürzlich im bürgerlichen Berliner Bezirk Wilmersdorf eine Zweizimmerwohnung mieten wollte, wurde schon bei der telefonischen Anfrage bedeutet, dass sie »mit diesem Namen« keine Chance auf der Bewerberliste hätte. Sie hatte zwar einen deutschen Pass und einen Hochschulabschluss. Aber nach solchen Erfahrungen fühlt sie sich regelmäßig wieder ausgebürgert. Aufgegeben hat sie trotzdem nicht. Heute lebt sie in den USA, dort hatte niemand ein Problem mit ihrem Namen.

Dennoch können auch solche hässlichen, bisweilen offen rassistischen Begegnungen mit der deutschen Spießerwelt kein Grund sein, sich um Integration gar nicht erst zu bemühen. Einwanderer haben es immer schwerer als Einheimische, das ist nichts Neues. Und das gilt nicht nur für Türken – auch die Italiener, die in den sechziger und siebziger Jahren nach Deutschland kamen, wurden zum Teil übel als »Spaghettifresser« beschimpft. Heute geben Deutsche gerne damit an, dass sie zu Giovanni vom Restaurant um die Ecke einen ganz besonders guten persönlichen Draht haben und er ihnen die Flasche Brunello immer ein bisschen billiger kredenzt als den anderen Gästen. So ändern sich Zeiten und Sitten. Sie ändern sich aber nicht automatisch – man muss etwas dafür tun. Noch vor ihrem Amtsantritt forderte die neue niedersächsische Sozialministerin Aygül Özkan die türkischen Einwanderer auf: »Zeigt mehr Interesse an Deutschland! Bringt euch mehr ein!«

Das ist auch dringend nötig. Die Studie des Bundesamts für Migration zeigt, wo unter anderem die Probleme liegen: Türken gucken in Deutschland überwiegend türkisches Fernsehen, lesen türkische Zeitungen, treffen sich in türkischen Cafés. Die Forscher sehen hier einen klaren Zusammenhang zu den mangelhaften Deutschkenntnissen, die jeder fünfte Türke in der Bundesrepublik vorweist – aber nur jeder siebzehnte Italiener oder jeder zehnte Pole. »Der Anteil derer mit keinem oder nur niedrigem Bildungsabschluss ist nach wie vor viel zu hoch«, meint auch der türkischstämmige Grünen-Vorsitzende Cem Özdemir. Aber wie sorgt man für bessere Bildungsabschlüsse?

Der jüngste Disput zwischen dem türkischen Premierminister Recep Tayyip Erdogan und der deutschen Kanzlerin Angela Merkel zeigt, wo bald entscheidende Konfliktlinien verlaufen werden. Erdogan hatte am Rande von Merkels Staatsbesuch in der Türkei im April 2010 die Einrichtung türkischer Gymnasien in Deutschland gefordert. Merkel lehnte den Vorschlag entschieden ab. Einwanderer in Deutschland müssen in erster Linie Deutsch beherrschen. Denn es geht um die Integration der Einwanderer, nicht um den Ausbau von Parallelsystemen.

Erdogan mag innenpolitisch auf Reformkurs sein, wenn es um die im Ausland lebenden Türken geht, kennt er kein Pardon. »Assimilierung ist ein Verbrechen«, warnte der türkische Staatschef bei einem Auftritt in der Kölnarena vor zwei Jahren »seine« Landsleute – ob die türkischsprachigen Zuhörer einen deutschen Pass besaßen, war ihm herzlich egal. Der Streit zwischen Merkel und Erdogan war deshalb symptomatisch.

Das muss sich in urdeutschem Interesse so schnell wie möglich ändern. Es spricht nicht viel dafür, dass sich die niedrige Geburtenquote in Deutschland auf absehbare Zeit erhöhen wird. Den jüngsten Impuls für einen saisonalen Geburtenanstieg gab denn auch nicht etwa die deutsche Politik, sondern die Nationalelf im Sommermärchen 2006. Doch die Hochstimmung nach dem 4:2-Sieg gegen Argentinien während der Fußballweltmeisterschaft wird unsere demografischen Probleme nicht lösen. Wir sind aber längst auf Einwanderung angewiesen, um wettbewerbsfähig zu bleiben. Die Forderung nach einer besseren Schulbildung türkischstämmiger Kinder und die Bildung einer in Deutschland beheimateten Migranten-Elite sollte die hiesige Politik deshalb nicht dem türkischen Premier überlassen. Jahrzehnte sind bereits vergeudet worden. Die Konservativen haben die Probleme ignoriert, weil sie nicht wahrhaben wollten, was faktisch längst geschehen war: Deutschland hatte sich in ein Einwanderungsland verwandelt. Die politische Linke idealisierte diese Entwicklung, wich den Integrationsproblemen aus – und verlor sich in Debatten über doppelte Staatsbürgerschaften, die keinem Einwanderer zu besseren Noten verholfen haben.

Die deutsche Sprache bildet die Geschäftsgrundlage der Integration. In mehreren Berliner Problembezirken wollen Grundschulen künftig Klassen mit »Deutsch-Garantie« anbieten, um Kinder aus Migrantenfamilien stärker zu fördern und gleichzeitig einer Abwanderung vorzubeugen. Diese Experimente im Klassenzimmer sind aus der Not von Pädagogen und Eltern geboren, die feststellen müssen, dass sich der Graben zwischen Lehrplan und Schülern nicht mehr überbrücken lässt. An ihrem Gelingen hängt nicht nur die Frage, ob künftig neben den Stefans und Sarahs mehr Sahins und Sedas Abitur machen werden. Sie entscheidet auch darüber, ob die Bundesrepublik in Zukunft in ethnische Bruchstücke zerfällt oder ob nach dem Zusammenwachsen von Ost und West das gelingt, was man eine zweite Einheit zwischen Einwanderern und Angestammten nennen könnte. Neben wichtigen außenpolitischen Entwicklungen wird die Integration von Ausländern in Deutschland und eine an den Interessen der Republik orientierte Einwanderungspolitik das zentrale innenpolitische Thema der kommenden Jahrzehnte sein.

Wir brauchen vor der Zukunft keine Angst zu haben. Wir werden uns um unsere Zukunft aber künftig sehr viel stärker kümmern müssen als bisher. Von allein – oder durch die geschickte Regie eines fürsorglichen Staates – wird immer weniger funktionieren. Um unsere Zukunft zu meistern, braucht es bei allen Beteiligten jene Courage, die letztlich auch zum Fall der Mauer führte. Bürgerschaftliches Engagement, wie es sich unter anderem in Vereinen wie der »Arche« findet, die gestrandeten Kindern Halt und Zuversicht gibt, wird immer wichtiger werden. Und zwar nicht, um philantropischen Gefühlen einen Zielpunkt zu geben, sondern weil wir es uns nicht leisten können, dass die Bürgergesellschaft einen Teil ihrer Mitglieder in der Ecke stehen lässt. Diese Eckensteher werden es sich auf Dauer nämlich nicht gefallen lassen, dass man sie ignoriert oder abhängt. Inzwischen werden Kinder in der Bundesrepublik einerseits in Armutsdynastien und auf der anderen Seite in Reichtum hineingeboren. Arm und Reich gab es zwar immer. Die Frage ist, ob bei der Geburt schon feststeht, ob es jemand schaffen kann in Deutschland oder nicht. Chancengleichheit darf man nicht nur in Reden beschwören, man muss von Generation zu Generation überprüfen, ob es sie noch gibt. Dass in Deutschland eine neue Klassenfrage in den nächsten Jahrzehnten aktuell und brennend werden wird, müssen wir leider annehmen.

Vor zwanzig Jahren brach sich in der DDR ein Bürgermut Bahn, der den real existierenden Fatalismus in Frage stellte und danach friedlich überwand. Die Ostdeutschen sagten laut und deutlich, was sie wollten – und nahmen dabei weder Rücksicht auf die herrschende Klasse in der DDR noch auf den westdeutschen Status quo. Auch heute ist diese Wahrhaftigkeit gefragt. Wie sich Deutschland entwickelt, darf nicht von anarchischen Zeitläufen, zufälligen Geburtsentwicklungen oder wechselnden Regierungen abhängen. Wir müssen klären, wie wir leben wollen – und wie nicht. Immer wieder, nicht nur alle zwanzig Jahre.

Zum Weiterlesen

›Der lange Weg nach Westen‹, Heinrich August Winkler, C.H. Beck Verlag, München:

Winklers zweibändige Abhandlung über die deutsche Geschichte von der Reichsgründung 1871 bis in die heutige Zeit ist das vielleicht wichtigste Standardwerk der aktuellen deutschen Geschichtsschreibung. Mehr noch: Winkler, dessen Werk übrigens bei der Bundeszentrale für Politische Bildung günstig als Paperback in der Schriftenreihe zu beziehen ist, hat eine deutsche Geschichtsversion geschrieben, auf die man sich von links bis rechts und von West nach Ost einigen kann. Schon deshalb ist ›Der lange Weg nach Westen‹ ein Geschenk. In Polen oder auf dem Balkan fehlen solche Bücher völlig: Hier wird die jüngere Geschichte noch immer munter politisch instrumentalisiert – auch deshalb, weil man sich über die jüngere Geschichte streitet oder sie tabuisiert. Werke wie die von Winkler helfen, genau das zu verhindern.

›Gewendet‹, Harald Hauswald, Lutz Rathenow, Jaron Verlag, Berlin:

Die Fotos des (ost-)deutschen Fotografen Harald Hauswald erzählen mehr als manche Reportage über die Teilung und ihre Überwindung. Hauswald erzählt Bildergeschichten aus dem Prenzlauer Berg, vom Alexanderplatz, aus Fußballstadien und den verlorenen Ecken Berlins. Besonders eindrucksvoll ist sein Fotoband ›Gewendet‹, in dem er die Bilder aus der »Hauptstadt der DDR« mit Aufnahmen vom selben Ort aus der Hauptstadt des neuen Deutschlands kontrastiert. Der Band ist mit Essays des

Schriftstellers Lutz Rathenow versehen. Es ginge nicht darum, die alten Zeiten als schlecht und die neuen als gut zu beschreiben, sagt Rathenow – man wolle von spannenden Zeiten erzählen, damals wie heute.

›Baustelle Deutschland‹, Franz Walter, Suhrkamp Verlag:

Walters Essays, die regelmäßig auf ›Spiegel Online‹ und in der ›Welt‹ veröffentlicht werden, gehören zur Pflichtlektüre für Politiker und Journalisten, die sich nicht nur mit tagespolitischen Betrachtungen zufriedengeben wollen. Der Politologe Walter kennt die jüngere deutsche Geschichte genau und leitet daraus Thesen für Gegenwart und Zukunft der Republik ab. Während viele Politologen nur Binsenweisheiten mit Fachchinesisch versehen, wird Walter von echtem Erkenntnisinteresse und sympathischer Neugier geleitet.

›Die nächsten 100 Jahre‹, George Friedman, Campus-Verlag:

Die Zukunftsprognose vom Chef des amerikanischen Stratfor-Instituts ist zwar inzwischen auch auf Deutsch erschienen – gelesen wurde sie offenbar kaum. Das ist schade, denn der Amerikaner hat auch über Europa viel zu sagen. Vielen Deutschen wird nicht schmecken, was Friedman ihnen als Prognose serviert – Bevölkerungsrückgang, politische Unberechenbarkeit und ein vitaler, mittelfristig besser aufgestellter polnischer Nachbar. Man muss Friedman auch nicht jede Zeile glauben, manches ist sehr spekulativ. Aber hier hat sich jemand getraut, mal das vor uns liegende Jahrhundert auszuleuchten. Deshalb: Pflichtlektüre für alle, die nach vorne denken wollen.

›Berlin, Du deutsche, deutsche Frau‹, Wolf Biermann, Hoffmann und Campe Verlag:

Was Hauswald mit seinen Bildern macht, kann Biermann mit seinen Gedichten. Ein Band mit Versen aus fünf Jahrzehnten, ein

Buch über Berlin – und Heimweh: »Als ich zurückkam, war ich sehr alleine.«

›1989. The Struggle to create Post-Cold-War Europe‹, Mary Elise Sarotte, Princeton University Press:

Das Buch der Amerikanerin Mary Elise Sarotte ist ein penibel recherchiertes Werk über die atemberaubenden Ereignisse des Wendejahres bis hin zur Deutschen Einheit 1990. Die Autorin erzählt nicht deutsche, sondern europäische Geschichte – jenseits aller Mythen. So war's.

Dank

Bedanken möchte ich mich bei meiner Frau Anjana Shrivastava für gute Ideen und kritische Lektüre, dasselbe gilt für meinen alten Freund und Kollegen Hans Halter, früher Fluchthelfer, später Rudi Dutschkes und Rudolf Augsteins Arzt, in der Hauptsache aber immer Buchautor und (›Spiegel‹-)Reporter. Andrea Wörle vom Deutschen Taschenbuch Verlag danke ich für Vertrauen und Geduld, ebenso meinem Lektor Olaf Benzinger für konstruktive Einwände und Hinweise. Und Indira, Rahel, Miriam, Emma und Helene, alle nach dem Mauerfall geboren, danke ich für ihr ehrliches Interesse an der jüngeren deutschen Geschichte aus grauer Vorzeit.

Personenregister